HISTOIRE MILITAIRE DU DUC DE LUXEMBOURG EN FLANDRE.

HISTOIRE MILITAIRE DU DUC DE LUXEMBOURG,

Contenant

Le détail des Marches, Campemens, Batailles, Siéges & Mouvemens des Armées du Roi & de celles des Alliés

EN FLANDRE,

Ouvrage dédié & présenté à S. M. Louïs XV.
PAR LE CHEVALIER DE BEAURAIN,
Géographe ordinaire du Roi.

Nouvelle Edition plus correcte, & accompagnée des Cartes générales du Pays.

TOME QUATRIEME.
Campagne de 1693.

A LA HAYE,
Chez BENJAMIN GIBERT, Libraire.
MD. CC. LVIII.

HISTOIRE MILITAIRE DE FLANDRE,

EN L'ANNÉE M. DC. XCIII.

Es forces considérables, que les Alliés a- 1693. voient rassemblées en Flandre pendant le siége de Namur, avoient empêché Louis XIV. de suivre en 1692. l'exécution des projets qu'il avoit formés contre les Pays-Bas. Le Roi, qui n'avoit d'autres vûes dans ses entreprises contre la Flandre que de desunir les Alliés & de les amener à la paix, se proposa en 1693. d'y assembler une forte armée & d'y étendre ses conquêtes.

A la fin de la campagne précédente, Sa Majesté avoit ordonné la levée de douze nouveaux Régimens d'infanterie, chacun d'un bataillon. Pendant l'hyver Elle manda à M. de Vigny de remettre en état, tant sur l'Escaut que sur la Meuse, un équipage d'artillerie de cent cinquante piéces de canon & de soixante mortiers ou pierriers. Ses soins ne furent pas moins pressans pour les munitions de bouche que pour celles de guerre. Elle commanda que l'on amassât de gros approvisionnemens de vivres depuis Tournai jusqu'à Namur.

Au mois de Mars de cette année le Roi promut à la dignité de Maréchal de France MM. de Choiseuil, de Villeroy, de Joyeuse, de Boufflers, de Tourville, de Noailles & de Catinat. Ce fut aussi, pour récompenser le zèle, le courage & les longs services des Officiers dans les différens grades, que Sa Majesté institua l'Ordre Militaire de Saint-Louis.

Les projets, que le Monarque avoit formés contre les Pays-Bas, ne tendoient ni à l'attaque des places des ennemis situées du côté de la mer, ni à la conquête des principales villes du Brabant. Soit qu'on désespérât de s'emparer des places maritimes, ou qu'en les attaquant, on craignît de planter le théâtre de la guerre dans un Pays coupé, ouvert, & où la cavalerie ne pourroit décider des événemens, le Roi résolut de porter ses armes ailleurs que du côté de la mer.

Si dès l'ouverture de la campagne précédente, au-lieu d'assiéger Namur, on se fût attaché à réduire les grandes villes du Brabant, il n'est pas douteux qu'on en seroit venu à bout, en prenant les mesures convenables pour la subsistance de la cavalerie devant Bruxelles, depuis le 20. Avril jusqu'à la saison des fourrages.

L'éloignement d'une partie des troupes ennemies, qui avoient leurs quartiers d'hyver en Hollande, sur le bas-Rhin, & même au-delà, procuroit alors la facilité d'investir cette place, de se choisir des postes avantageux pour empêcher les secours & de recevoir de Mons à Bruxelles les munitions de guerre & de bouche, nécessaires pendant le siége. Mais la précaution, qu'eurent les Alliés, après la dernière campagne, de mettre de fortes garnisons dans les principales villes du Brabant, & de distribuer leurs quartiers de manière à pouvoir les rassembler au-plûtôt, rendoit en 1693. cette entreprise fort difficile.

En renonçant à l'attaque de Bruxelles & des villes maritimes, il ne restoit d'autre parti à prendre que celui de s'avancer sur la Meuse. La perte des places, situées sur cette rivière, intéressoit particulièrement les Hollandois & les Princes, dont les Etats se trouvent entre la Meuse & le Rhin. La crainte de voir leur Pays devenir le théâtre de la guerre pouvoit leur inspirer des sentimens de paix; aussi fut-ce ce motif, joint au desir qu'avoit le Roi de faire la guerre dans un Pays ouvert où sa cavalerie contribueroit beaucoup aux succès, qui le détermina à fixer ses opérations contre cette partie des Pays-Bas. Il sembloit encore qu'en cela on consultoit l'état présent de la frontière depuis la Meuse jusqu'au Rhin. Luxembourg & Mont-Royal étoient au pouvoir de la France, & ces deux places facilitoient une diversion sur la Moselle. On pouvoit même, en augmentant le Corps qu'on placeroit sur cette rivière, contraindre les troupes de l'Empire à quitter la Flandre pour mettre leur Pays à couvert.

Les mouvemens des troupes Françoises sur la Meuse devoient probablement attirer le Prince d'Orange du

1693. côté de ce fleuve. Ce Prince s'étoit engagé envers les Alliés à défendre Liége, & à empêcher que cette ville ne tombât entre les mains de la France. Cette raison en fut une de plus qui excita à s'en emparer, parce que la prise de cette place, qui couvroit celles des Hollandois sur la Meuse, perdroit le Prince d'Orange dans l'esprit des Alliés, & que pouvant suffire pour les desunir, elle occasionneroit un acheminement à la paix.

Pendant que le Roi s'occupoit des moïens de redoubler ses efforts en Flandre, Sa Majesté avoit non seulement à soutenir la guerre sur mer & sur les autres frontières du Roiaume ; mais encore à pourvoir à la défense des côtes. Les finances se trouvoient épuisées par les dépenses des années précédentes ; les ressources d'argent & les levées pour recruter les troupes étoient devenues difficiles. Cependant on mit sur pied dans le Roussillon une armée sous les ordres du Maréchal de Noailles ; une seconde en Piémont, commandée par le Maréchal de Catinat ; & une troisième en Allemagne, qui fut confiée au Maréchal de Lorges. On travailla à rétablir la flotte du Roi, afin d'être en état, ou de présenter le front aux ennemis s'ils tentoient une descente en France, ou de troubler leur navigation & leur commerce. Comme le Prince d'Orange paroissoit résolu d'infester les côtes, Monsieur alla y commander, aiant sous ses ordres les Maréchaux d'Humieres & de Bellefonds. La Normandie & la Bretagne étoient les deux Provinces les plus exposées au danger. Il y avoit onze bataillons de troupes réglées & quelques Régimens de Dragons ; on y assembla le ban & l'arriere-ban. Ou-

Outre les dispositions générales qui regardoient les autres frontières, le Roi avoit pris des arrangemens plus particuliers pour celle de Flandre. Sa Majesté, accompagnée de M. le Dauphin, s'étoit proposé de commander une armée, dont M. le Maréchal de Boufflers auroit la conduite sous ses yeux. M. de Luxembourg devoit en avoir une autre, soit pour se joindre à celle du Roi, ou pour agir séparément selon les occasions. M. de la Valette, avec quatre bataillons & seize escadrons, étoit chargé de la défense des Lignes depuis l'Escaut jusqu'à la mer, & M. d'Harcourt, avec quatre Régimens de cavalerie, ou de Dragons, avoit ordre de couvrir le Luxembourg & de partager de ce coté-là l'attention des ennemis.

Le 21. Mai l'armée du Roi, composée de cinquante-deux bataillons & de cent seize escadrons, s'assembla à Tournay. Celle de M. de Luxembourg, au nombre de soixante-&-dix-huit bataillons & de cent soixante escadrons, campa le 27. à Givries.

Depuis la prise de Furnes, les armées de part & d'autre n'avoient fait aucun mouvement sur la frontière; mais la fatigue, que les troupes Françoises avoient essuïée dans cette entreprise, & l'inconvénient d'attendre que le Pays fournît à la subsistance de la cavalerie, obligerent le Roi d'en différer l'assemblée jusqu'au mois de Mai. Le 16. du mois Sa Majesté partit de Versailles pour se rendre sur la frontière, faisant état d'arriver le 28. à la tête de son armée, qu'elle se proposoit de joindre à Lens, près de Cambron. On ignoroit encore quelle partie des Pays-Bas éprouveroit les efforts

1693.
MAI.
de ses armes. Tout étoit en suspens, & les Alliés étoient inquiets de l'orage qui alloit fondre sur eux, lorsque le Roi tomba malade au Quesnoy. L'indisposition de Sa Majesté retarda les mouvemens de ses troupes; cependant comme Elle étoit déterminée à les employer contre les places que les Alliés avoient sur la Meuse, Elle manda au Maréchal de Boufflers de les amener à Thieusies, près de Mons, où elles arriverent le 2. de Juin. Le Roi s'y rendit le même jour, & en fit le lendemain la revûë.

M. de Luxembourg, dont l'armée étoit destinée à couvrir les mouvemens de celle de Sa Majesté, quitta le camp de Givries le 3. de Juin & marcha à Felluy.

Marche de Givries à Felluy.
La marche se fit sur sept colonnes; le boute-selle & la générale au petit jour; à cheval, & l'assemblée une heure après. L'aîle droite de cavalerie eut la colonne de la droite; la Gendarmerie en forma la tête, & fut suivie des Brigades de Dalon, de Saint-Simon, Maffot, Rottembourg & Presle. Cette colonne, partant de son camp, prit la grande chaussée pour gagner les Hautes-Estinnes. De là elle passa à la Maladrerie, & laissant Vaudré à gauche, Binch à droite, elle suivit le chemin du Passe-jonc. Elle alla ensuite à Merlanwelz, tint Montaigu à gauche pour se rendre dans la plaine de Bellecour, d'où, mettant la Chapelle des Sept-Douleurs à droite, elle vint passer à la cense du Codaine, aux gués du petit ruisseau qui prend sa source près de la cense de Bellecour, & entra dans son camp, qui fut entre les Wanages & Seneff.

La

DE FLANDRE.

1693.
MAI

La seconde colonne fut pour tous les gros & menus bagages du quartier général de l'aîle droite de cavalerie & de toute l'infanterie. Ils marcherent dans l'ordre marqué pour leurs troupes. Ceux du quartier général & de l'aîle droite de cavalerie s'assemblerent à la tête de la Brigade de Dalon, & ceux de l'infanterie à la tête de la Brigade de Navarre. Cette colonne, en sortant de son camp, en forma deux, dont les gros bagages firent celle de la droite, les menus celle de la gauche. Ces colonnes, en se côtoiant, allerent à Villerelles-le-Secq & aux Basses-Estinnes, d'où elles s'en furent passer au gravier de Peronne, tinrent ce village à gauche pour enfiler le chemin de Haine-Saint-Pierre, marcherent ensuite à la hauteur de Hardimont, au Fayt & aux Wanages, où fut la droite du camp.

La troisième colonne fut pour la droite de l'infanterie. Navarre en eut la tête, & fut suivie des Brigades de Bourbonnois, Lyonnois, Crussol, Guiche, Anjou, Nice & Artois. Cette colonne laissa les bagages à sa droite, prit à travers champs sur Villerelles-le-Secq qu'elle tint du même côté, ensuite passa au pont de Bray, & coulant le long du chemin de Peronne, elle se porta au pont de Taperiau & à Saint-Vaast, d'où elle monta dans la plaine pour gagner la cense du Sart. Elle y suivit le chemin de Famille-à-Rœux, mit ce village & le moulin à gauche, dirigea sa marche à Seneff, & lorsqu'elle fut en-deçà du village, elle se trouva dans son camp.

La quatrième colonne fut pour l'aîle gauche d'infanterie. Piémont en eut la tête, & fut suivi des Brigades

d'Or-

1693.
MAI.
d'Orléans, Rouſſillon, la Couronne, la Chaſtre, Greder, Reinold & la Marche. Ces Brigades marcherent par leur gauche, & à travers champs droit à la cenſe du Fayaux, qu'elles laiſſerent à gauche pour traverſer le pont de Maurage & Strepy. Elles continuerent enſuite leur marche à travers champs, allerent paſſer ſur la digue de l'étang de la cenſe de la Louviere, où elles prirent le chemin de Famille-à-Rœux, & tenant l'autre colonne d'infanterie à droite & le village à gauche, elles ſe rendirent entre ceux de Seneff & de Felluy, où fut leur camp.

La cinquième colonne fut pour les caiſſons & pour les chariots de payſans. Ils allerent paſſer au pont de Bouſſoit & au gué de Thieu, ſuivirent le chemin depuis là au Rœux, traverſerent ce dernier village pour gagner le chemin de Megneau, d'où ils vinrent à Marcq enfiler celui de Seneff, qu'ils tinrent juſqu'au château de Buſeray, où on leur marqua l'endroit où ils devoient parquer.

La ſixième colonne fut pour l'artillerie & pour les gros & menus bagages de l'aîle gauche. Cette colonne paſſa aux deux ponts près de Ville-ſur-Haine, d'où elle prit le chemin qui va à la Juſtice du Rœux. De là elle s'en fut au moulin à vent du village, & le laiſſant à droite, ainſi que le chemin qui conduit à Megneau, elle ſuivit celui qui paſſe à l'Enfer. Enſuite elle marcha à la cenſe Delcourt-aux-Eſcauſſinnes, tint à gauche le village des Eſcauſſinnes hautes, traverſa la cenſe de l'Eſcaille, & ſe rendit par le chemin de Felluy devant le camp de l'aîle gauche, où elle parqua dans un terrein qu'on lui avoit tracé.

DE FLANDRE.

La septième & dernière colonne fut pour l'aîle gauche de cavalerie. Le Mestre-de-Camp en eut la tête, & fut suivi des Brigades de Montfort, Mongon, Montrevel, la Bessiere & Rassant. Cette colonne, partant de son camp, s'en fut traverser la Haine à Havré, d'où elle continua sa marche à travers champs pour gagner la cense d'Ubisossé, aiant Gottigny à droite & Thieusies à gauche. Puis elle suivit le chemin qui mene à Naast, tint ce village à gauche, passa près du château de Court-au-Bois & au cabaret de Belle-tête. Laissant ensuite les Escaussinnes à droite, elle passa au gué & au pont de la Folie, y prit le chemin de Felluy, & après avoir marché à la droite de la cense de l'Escaille, ainsi que du village de Felluy, elle franchit le ruisseau au-dessous pour se rendre entre ce village & Arquenne, où elle entra dans son camp.

Le Régiment de Dragons du Colonel-Général mit deux escadrons à la tête de la Gendarmerie. Les deux autres marcherent à la tête des Brigades de Dalou & de Navarre. Ce Régiment se munit d'outils pour accommoder les chemins, & campa au flanc de la droite, par où il arriva dans le camp.

Les Officiers, qui commandoient les escadrons à la tête des bagages, eurent soin de leur faire observer l'ordre qu'ils avoient à suivre dans leur marche.

Le Régiment de Dragons d'Asfeldt marcha à la tête de l'aîle gauche. Celui de Bellegarde, cavalerie, suivit le campement de la gauche.

A la générale, le campement de l'aîle droite de cavalerie & d'infanterie s'assembla à la tête de la Gendarmerie;

Tome IV.   B

rie; celui de la gauche à la tête de la Brigade de Piémont, d'où il alla par le chemin du pont de Bray au gravier de Peronne, & où passa celui de la droite. Il lui fut recommandé, en cas qu'il y arrivât le premier, de l'y attendre pour en prendre la queuë.

Le Régiment Roïal-Artillerie posa deux bataillons à la tête de la colonne d'artillerie, & un à la tête des caissons, qui passerent à Boussoit.

On plaça trois cens hommes d'infanterie dans la colonne des bagages, dont le rendez-vous étoit à la tête des Brigades de Dalou & de Navarre, autant dans la colonne des caissons qui passoit à Boussoit, & cent cinquante dans les bagages qui suivirent l'artillerie.

Le Régiment Roïal-Artillerie mit cent travailleurs à la tête de l'artillerie & cinquante vers la queuë. Cinquante autres précéderent le bataillon qui marcha à la tête des caissons, & qui eut une charette, chargée d'outils de toute espèce. Outre ce nombre de travailleurs, le bataillon en mit encore un pareil au milieu des chariots de païsans.

Il fut ordonné que pour lors, comme dans la suite, les Brigades, qui seroient à la tête des colonnes d'infanterie, fourniroient cent travailleurs pour accommoder & élargir les chemins; que les Dragons, qui marcheroient à la tête des colonnes de cavalerie, seroient chargés du même travail; que les vieilles Gardes seroient l'arriere-garde des colonnes d'infanterie & des bagages, & qu'il y auroit toujours cinquante Maîtres à la tête de ces colonnes, à moins qu'un Corps de cavalerie ou de Dragons n'y marchât.

Trois

Trois cens chevaux allerent à minuit couvrir la marche de l'armée sur la gauche. Ils passerent au pont de Ville-sur-Haine, & l'Officier, qui les commandoit, eut ordre d'en distribuer cent à la tête du bois del-Houssière, cent au moulin à vent de Braine-le-Comte, & même nombre à celui de Naast.

A la même heure & pour la même raison partirent sept cens cinquante hommes d'infanterie, qui de Ville-sur-Haine prirent le chemin de la Justice du Rœux. De ceux-ci cent cinquante en trois pelotons garderent le chemin qui du Rœux aux Escauffinnes va passer par l'Enfer. On en posta pareil nombre dans celui du Rœux à Megneau. Ils ne rentrerent dans le camp qu'en suivant la queuë des bagages qui passoient sur leur chemin. Il y en eut encore cent dans le bois de Rougelin en deux pelotons, cinquante aux Escauffinnes, même quantité à la Folie & à Henripont, cent à Ronquieres, & autant à la tête du bois del-Houssière. Tous ces postes ne repartirent au camp que vers le déclin du jour.

On envoia encore à minuit cinq cens fantassins, qui couvrirent la marche de l'armée sur la droite, & garnirent les postes du camp. Cent cinquante veillerent depuis la hauteur d'Hardimont jusqu'au Fayt, cinquante dans le bois de Montaigu, & les autres dans celui de Haine. Le reste fut partagé par cinquantaines, au pont de Seneff, à Rosignies, à Saint-Cornelis, au petit Rœux, au pont d'Ubeaumont, & au petit bois au-dessus d'Arquenne. Cent chevaux, à la hauteur de Binch, observerent toute la plaine jusqu'à ce que tous les bagages eussent passé la Haine, & on laissa de même deux troupes,

1693. de cinquante Maîtres chacune, entre Chapelle-à-Har-
JUIN. leimont, le bois de Montaigu & la Chapelle des Sept
Douleurs.

Le fourrage se fit entre les ruisseaux des Escaussinnes
& de Seneff, les Gardes des ponts empêchant qu'on
ne passât le ruisseau de ce dernier village & celui d'Arquenne.

M. de Saint-Hilaire, en conséquence de ses ordres, fit
marcher à la tête de l'artillerie trois charettes chargées
d'outils, avec un Commissaire & un Capitaine d'artillerie.

Les Vaguemestres eurent commission de tenir l'œil à
l'observation de l'ordre prescrit à leurs bagages, sous
peine d'en répondre, & on défendit d'y envoier aucun homme armé.

Le Prévôt se tint sur les aîles de l'armée pour arrêter,
tant cavaliers, soldats & Dragons, que valets & équipages qui s'éloigneroient de leurs colonnes.

Les Officiers dûrent camper régulièrement à la queuë
de leurs Brigades, & il leur fut défendu de gîter dans
les villages, ni ailleurs, sous quelque prétexte que ce
pût être. Quant aux Officiers-Généraux, ils logerent
tous à leurs aîles, avec défense d'envoier plus d'un va-
let pour garder leur logement.

On ne fit marcher au campement que trois Sergens
par bataillon, lesquels furent conduits par un Officier
de leur Brigade.

L'armée campa sur deux lignes, la droite aux Wanages, la gauche à Arquenne, la réserve au-delà du ruisseau qui y passe; le quartier général à Felluy.

Le

DE FLANDRE.

1693.
JUIN.

Le 4. le Roi vint dans la plaine de Chapelle-Harleimont y asseoir son camp vis-à-vis du Piéton. La droite de son armée fut mise au-dessus de ce ruisseau, la gauche entre Rosignies & Vanderbecq. Sa Majesté choisit son quartier au Prieuré du lieu.

Le 5. le Roi fit un détachement de cavalerie du côté de Charleroy, dont il vouloit arrêter les partis & assûrer sa marche du lendemain pour Thiméon, où fut son quartier. L'armée eut sa gauche au-dessus de ce village, & sa droite entre Melinge & Villers-Perwis; le ruisseau de Thiméon derrière le camp. M. de Luxembourg s'en fut le meme jour camper à Bassy.

Marche de Felluy à Bassy.

Cette marche se fit sur cinq colonnes; le boute-selle & la générale à la pointe du jour; à cheval, & l'assemblée une heure après.

L'aîle droite de cavalerie forma la colonne de la droite. La Brigade de Saint-Simon en eut la tête, & défila par sa gauche. Elle fut suivie du reste de la première ligne de cette aîle dans l'ordre où elle étoit campée, ensuite de la Brigade de Rottembourg & du reste de la seconde ligne.

Le Régiment du Colonel-Général mit à la tête des Cravates cinquante travailleurs, que M. de Saint-Simon eut ordre d'employer à ouvrir les chemins à la colonne. On en posa cinquante autres du même Régiment à la tête de la Brigade de Massot, & que M. de Massot, chargé du même soin, devoit occuper à réparer les chemins qui auroient pû se gâter. Cette colonne coula le long de Seneff, en le tenant à droite pour arriver au pont de

1693 Saint-Cornelis. De là elle passa à Renisart, qu'elle laissa à droite & l'artillerie à gauche. Ensuite ouvrant quelques hayes, elle alla, Houtain-le-Mont avec Houtain-le-Val à gauche, & le bois de bossu à droite, gagner la chaussée de Bruxelles à Namur, qu'elle joignit à Bontrelet, où elle entra dans son camp.

La seconde colonne fut pour l'artillerie & pour les chariots de paysans, qui étoient au-delà du pont de pierre. Cette colonne marcha par des ouvertures faites exprès, & se rendit au Chêne d'Ubeaumont. Elle coula ensuite le long des bois du petit Roeux & de Nivelle, en les laissant à sa droite & l'infanterie à sa gauche. De là elle continua sa marche à la gauche des trois Tilleuls & de Vallencour, passa entre la cense de Tillemont & celle de Vieucourt pour aller à Hautain-le-Mont & à Bontrelet, où elle parqua.

Il fut enjoint à M. de Saint-Hilaire qu'il eût toujours soin qu'à la tête du bataillon des Fusiliers marchassent cinquante travailleurs avec la compagnie des Grénadiers. On leur donna un guide, qui les mena huit à neuf cens pas en avant à la tête de tout, afin de préparer les chemins, & d'éviter que l'artillerie ne fût obligée de s'arrêter dans sa route. Outre cette précaution, on eut celle de placer à la tête de chaque Brigade de canon dix travailleurs, que les Commissaires eurent soin d'employer à réparer les dégâts que la tête de l'artillerie pouvoit avoir causés dans sa marche. Cette méthode fut trouvée si bonne, que l'on recommanda de la suivre pendant tout le cours de la campagne. Quant aux chariots de paysans, lesquels devoient suivre l'artillelerie, ils furent escortés par les trois cens hommes qui les avoient gardés pendant la nuit. M. d'Artaignan, Major-Général, y envoia par ordre cinquante travailleurs, dont il en seroit mis trente à la tête & vingt au milieu. On commanda un Lieutenant-Colonel avec cent Maîtres, à l'inspection duquel on s'en rapporta pour le nombre des travailleurs assignés, tant à l'artillerie qu'aux chariots de paysans. Cet Officier prit garde que cette colonne marchât en bon ordre. Il disposa l'escorte pour la sûreté comme il le jugea à propos, & le soir il en rendit compte à M. le Maréchal, à l'arrivée de la colonne au camp.

La troisième colonne fut pour la première ligne d'infanterie, en commençant par Piémont, & défilant par sa gauche comme elle étoit campée. Cette colonne passa au pont de la droite des deux qu'on avoit établis entre le pont du château d'Arquenne & le pont de pierre, ensuite par les ouvertures de la droite de celles pratiquées pour l'infanterie. Elle monta dans la plaine de Nivelle, laissa l'artillerie, une petite tombe avec un petit arbre à sa droite, & coulant tout le long de la plaine, le plus près de l'artillerie qu'il étoit possible, elle alla aux trois Tilleuls, aiant toujours à sa gauche l'autre colonne d'infanterie. De là elle marcha à la gauche de la Commanderie de Vallencour, gagna le hameau de Ronque & Hautain-le-Val, d'où elle se rendit entre Bassy & la Chapelle de Triauchesne, où fut son camp.

La quatrième colonne fut pour la seconde ligne d'infanterie, en commençant par la gauche, suivie du reste
de

de cette ligne comme elle étoit campée. La Brigade de la Chaftre, qui étoit à la gauche d'Arquenne, alla gagner la tête de cette colonne près de la petite tombe dans la plaine de Nivelle, en laiffant cette tombe & l'autre colonne d'infanterie à fa droite. De là, côtoïant toujours cette colonne, elle marcha aux trois Tilleuls, les mit à droite, & paffa à la Commanderie de Vallencour, d'où elle prit le chemin du hameau de la Croix Alliette. Elle pourfuivit fa route à la gauche de Promelle pour arriver à Loupoigne, d'où elle vint entre Baffy & la Chapelle de Trianchefne, où fut fon camp.

L'Officier-Général, qui marchoit à la tête de cette colonne, où il y avoit cent travailleurs, n'oublia pas d'en faire marcher cinquante en avant fous l'efcorte d'un Officier-Major de la Brigade qui avoit l'avant-garde, & d'une compagnie de Grénadiers. Ces travailleurs ouvrirent les chemins, & eurent ordre de prendre toujours les devants autant que faire fe pourroit, afin de fauver aux colonnes l'inconvénient de s'arrêter dans leur marche.

La cinquième colonne fut pour l'aîle gauche de cavalerie, qui en forma deux. La première ligne, en commençant par le Meftre-de-Camp, eut celle de la droite. Elle paffa au pont du château d'Arquenne qui étoit à fa tête, & par des ouvertures faites elle fe porta à la Chapelle de Notre-Dame de Bon-Confeil, la laiffant à gauche. La feconde ligne de l'aîle gauche, en commençant par Montrevel, paffa fur le pont d'Arquenne, & tint le grand chemin à gauche pour marcher par des ouvertures, & joindre l'autre colonne de cavalerie dans la plaine, près de la Chapelle de Bon-Confeil. Alors elles

les marcherent ensemble, & aiant les colonnes d'infanterie à leur droite, elles allerent passer au Clerbois, d'où, Thiene à droite & Balet à gauche, elles prirent le chemin de la cense de Lincourt, & le suivirent jusqu'à la hauteur de Promelle. Celle de la droite enfila ensuite le chemin de Genappe, qu'elle traversa pour gagner la Chapelle de Trianchesne, où fut son camp; celle de la gauche marcha à Thil, & se rendit à son camp.

Le Régiment d'Asfeldt plaça cinquante Dragons, pourvûs d'outils, à la tête de Montrevel. MM. Phélippeaux & de Montrevel ordonnerent aux Dragons d'élargir les passages de leur colonne, & il fut réglé que si faute de passages, les deux colonnes étoient obligées de n'en faire qu'une, celle de Montrevel auroit la tête. Le Régiment de Fimarcon devoit marcher après la brigade de Montrevel, & la brigade de Phélippeaux avant celui de vieil Asfeldt.

Tous les menus bagages des deux lignes défilerent après les colonnes d'infanterie. Ceux du Mestre-de-Camp en eurent la tête, & furent suivis du reste de la premiere ligne jusqu'à la Gendarmerie. Les équipages de la seconde ligne se mirent aussi en marche, en commençant par Montrevel, & en remontant jusqu'à Massot. Il en fut de même pour les gros bagages. Ceux de la premiere ligne passerent au pont du château d'Arquenne, & ceux de la seconde au pont du village de ce nom. Ils suivirent la marche des deux colonnes de cavalerie de la gauche jusqu'au chemin de Nivelle à Genappe,

& continuerent leur marche, en se cotoiant, jusqu'à ce qu'elles entrassent dans la plaine du camp.

On n'attella les gros bagages, & on ne chargea les menus qu'une heure après l'assemblée. Chaque Brigade d'infanterie laissa cinquante hommes pour escorter & pour contenir ses bagages. De ces cinquante hommes, quinze marcherent avec les menus équipages; le reste se mit en marche avec les gros; ils ne les quitterent qu'en arrivant au camp. Ceux de cavalerie y laisserent trente Maîtres par Brigade. A la tête de chaque colonne de bagages il y eut cinquante travailleurs, & cinquante autres au milieu de chaque colonne. Les cent travailleurs, destinés pour les équipages de la première ligne, allerent, à la générale, se rendre à la tête du Mestre-de-Camp, & les cent, réservés pour ceux de la seconde, furent se ranger à la tête de Montrevel. Un Lieutenant-Colonel veilla avec cent Maîtres à la sûreté de la marche de ces colonnes, & le soir il en rendit compte à M. le Maréchal de Luxembourg.

Les vieilles Gardes, qui étoient dans le camp, ne traverserent le ruisseau d'Arquenne que lorsque tous les bagages furent de l'autre côté, la Garde, au pont de Seneff, empêchant qu'aucune troupe, ou bagage y passât. Celle, qui étoit au pont de Saint-Cornelis, empêcha aussi les bagages d'y passer. Toutes ces Gardes prirent la queuë de tous les équipages avec les vieilles Gardes de cavalerie. Il en fut de même des postes à Famille-à-Rœux & aux bois de Felluy, de l'Escail & du Clerbois, lesquels se trouverent sur les six heures du matin à l'entrée de Felluy du côté des Escaussinnes, &

y prirent la queuë de tous les équipages avec les vieilles 1693.
Gardes qui étoient de ce côté-là.

 Le poste d'infanterie, au bois de la Harpe au-dessus d'Arquenne, demeura aussi à l'arrière-garde. Dès le soir de la veille, on rappella les autres au camp. Les Gardes de cavalerie, qui étoient au-dessus d'Arquenne, couvrirent la marche de l'armée sur la gauche depuis Nivelle jusqu'au dit village.

 On détacha cent Maîtres entre Bois-Seigneur-Isaac & la Chapelle Sainte-Anne pour assûrer la marche, & cinq cens Dragons auprès de la Maison du Roi en-deçà du Mont Saint-Jean, sur le chemin de Charleroy à Bruxelles. Ils eurent leur rendez-vous à la tête du Mestre-de-Camp à une heure après minuit. Trois cens chevaux avec cent autres Dragons aux ordres du Maréchal-de-Camp de jour, & douze cens fantassins, commandés à la même heure & au même rendez-vous, allerent à minuit se ranger à la tête de la Brigade de Piémont. Ils passerent les ponts dressés pour l'infanterie, & s'en furent gagner le chemin du Chêne à Ubeaumont. On en tira quatre cens, commandés par un Colonel, pour couvrir la marche de l'armée sur la droite; cinquante, dont on forma deux postes dans le bois du petit Rœux; cent que l'on distribua le long du bois de Nivelle, de manière qu'en laissant ce bois à droite & passant par Hautain-le-Mont, ils bordassent le bois de Reve jusqu'au chemin de Charleroy à Bruxelles. Les huit cens autres suivirent le chemin pour arriver entre Promelle & Genappe, où ils devoient attendre les ordres du Maréchal-de-Camp de jour.

HISTOIRE MILITAIRE

1693.
JUIN.

Aussitôt après la générale, le campement s'assembla à la gauche de la tête du Mestre-de-Camp.

Dès le soir de la veille les caissons se mirent en marche pour aller passer au pont de Seneff, au-delà duquel ils parquerent à l'endroit que leur marqua le Brigadier de la Brigade, lequel devoit leur fournir une escorte. Le Lieutenant-Général & le Maréchal-de-Camp, qui sortoient de jour, demeurerent dans le camp, jusqu'à ce que tous les bagages en fussent partis.

M. le Duc de Berwick, Lieutenant-Général de jour, attendit vers la gauche que M. de Roquelaure fût revenu de la droite, & eût fait marcher devant lui tout ce qui pouvoit rester d'équipages. On commanda deux cens chevaux à leurs ordres, qui, outre ce qui étoit marqué ci-dessus, formerent l'arrière-garde. On commanda aussi deux cens hommes d'infanterie pour conduire le même jour à l'armée du Roi les caissons, dont le rendez-vous fut à Seneff. M. le Duc de Chartres y envoia la cavalerie nécessaire pour leur escorte.

L'armée campa sur deux lignes, la droite à Bontrelet, la gauche à Court-Saint-Etienne, la réserve derrière la gauche, le quartier général à Bassy, qui étoit derrière la droite.

Le 7. le Roi mena son armée à Gemblours. Sa Majesté marcha à la tête de la colonne de la droite, & M. le Dauphin, accompagné de M. le Maréchal de Boufflers, à la tête de celle de la gauche. Cette armée campa sur deux lignes, la gauche appuiée au village de Conroy, la droite à Sauvenelle, où Sauvenier, & le ruisseau

DE FLANDRE.

seau de l'Orneau derrière le camp. Sa Majesté eut son quartier à l'Abbaye de Gemblours. Le même jour M. de Luxembourg décampa pour Tourine-les-Ordons.

1693. Iuin.

La marche se fit sur cinq colonnes; le boute-selle & la générale au jour; à cheval, & l'assemblée une heure après.

Marche de Bassy à Tourine-les-Ordons.

L'artillerie eut la colonne de la droite, & fut couverte du coté de Charleroy par l'armée du Roi, qui marchoit à sa droite. Partant de Bontrelet, elle suivit le chemin de Bruxelles à Namur jusqu'à la cense de Bruyère, où elle le quitta pour se porter à Tilly & à Gemptines. De là elle passa entre Noirmont & Chausse-les-Dames, laissa Walhem à gauche & Saint-Paul du même côté, pour aller en-deçà de Tourine, où fut son parc.

Les Fusiliers marcherent à l'ordinaire avec l'artillerie, aiant cinquante Maîtres à leur tête, & cinquante au milieu de la colonne. Une partie des vieilles Gardes en fit l'arrière-garde.

La seconde colonne fut pour l'aîle droite de cavalerie, dont la Gendarmerie eut la tête. Cette colonne côtoïa l'artillerie jusqu'à la hauteur de la cense de Bruyère, qu'elle laissa à sa droite. Ensuite tenant Tilly du même côté elle passa à un gué au-dessous, d'où, prenant à la gauche de Meliori, elle marcha à Villeroux, à Chausse-les-Dames, & vint par la gauche de Walhem se rendre entre le bois du Sart & Tourine, où fut son camp.

La troisième colonne fut pour l'aîle droite d'infanterie, en commençant par Navarre. Cette colonne, quit-

C 3

tant son camp, prit le chemin de l'Abbaye de Villers, d'où, après avoir passé par Eviller & par Nielle-Pirus, elle tint le chemin de Tourine pour se rendre dans la plaine du camp.

La quatrième colonne fut pour la première ligne de la gauche, tant cavalerie qu'infanterie ; le Mestre-de-Camp en eut la tête. Cette colonne dirigea sa marche à la cense d'Anglissart, laissa le hameau du Rocq à gauche, passa entre le bois du quartier & celui des Pauvres pour gagner la cense de Chesnois, d'où, prenant par Saint-Hubert, & traversant le bois de Beelem par le chemin de la droite, elle entra dans son camp.

La cinquième & dernière colonne fut pour la seconde ligne de la gauche, tant cavalerie qu'infanterie. Cette colonne défila par sa gauche, alla du hameau du Rocq à celui de Béaris par la droite du Sart-Saint Guillaume, d'où, tenant la cense de Liénaux à gauche, elle traversa le bois de Beelem & entra dans la plaine du camp.

Tous les gros bagages avoient campé avec l'artillerie ; ils en prirent la queuë, sous l'escorte de cent chevaux & de trois cens fantassins.

Tous les menus bagages suivirent la colonne de leurs troupes. Ils furent escortés par cent cinquante hommes dans les colonnes du milieu, & par trois cens dans celles de la gauche. Les vieilles Gardes firent l'arrière-garde de toutes les colonnes. On envoia deux cens cinquante Maîtres avec trois cens hommes d'infanterie se poster sur la gauche de la marche pour l'assûrer.

L'armée campa sur deux lignes entre le bois de Beclem

dem & celui du Sart, aiant derrière elle Tourine-les-Ordons, où étoit le quartier général.

M. de Luxembourg & M. de Boufflers ne furent pas plûtôt campés près de Mons & de Tournay, que le Prince d'Orange se hâta de rassembler sous Bruxelles les forces des Alliés. Lorsqu'il vit les armées Françoises s'approcher de la Mehaigne, il marcha à Louvain avec la sienne, qui consistoit en soixante-&-un bataillons & cent quarante-deux escadrons. Il fit aussi avancer à Liége un gros Corps de troupes, en même tems qu'on travailla à mettre les retranchemens, qui couvroient cette place, en état de soutenir une attaque.

Le Roi apprit à Gemblours les mesures que prenoit le Prince d'Orange pour traverser ses desseins. Pendant qu'Elle étoit au Quênoy, Sa Majesté avoit reçu la nouvelle de la prise de Heidelberg, qu'on regardoit comme un évenement de la dernière importance, & qui paroissoit devoir apporter du changement dans le projet général de la guerre. Dans un Conseil, tenu là-dessus à Gemblours, M. de Chanlay, qui depuis la mort de M. de Louvois avoit acquis la confiance du Roi, persuada à Sa Majesté que puisqu'Elle cherchoit les moïens de terminer la guerre, il seroit plus avantageux de porter ses forces en Allemagne; que la prise de Heidelberg avoit étourdi l'Empire, & qu'il falloit profiter de son étonnement pour pénétrer dans le Pays. Il ajouta qu'il ne doutoit pas qu'en y marchant avec des forces supérieures, on ne déterminât la plûpart des Princes à accepter la paix, sans en excepter l'Empereur; & que si on

1693.
JUIN.

on en venoit à bout, le reste des Alliés suivroit son exemple. Il représenta encore qu'avant que de marcher à Liége, il étoit nécessaire de s'emparer de Huy, d'autant plus que cette place pouvoit se soutenir assez de tems pour donner au Prince d'Orange celui de mettre l'autre hors d'insulte. M. de Chanlay, guidé par l'amour de la vérité & du bien public, croiant que cet avis étoit le meilleur, n'oublia pas d'y joindre que les opérations de Flandre, lesquelles se feroient sous les ordres de Sa Majesté, lui seroient à la vérité plus glorieuses; mais que ses Sujets n'en retireroient pas la même utilité. Le Roi de son côté, qui préferoit le bonheur de ses peuples à sa gloire & à celle de ses armes, se rendit à cet avis; & comme sa santé ne lui permettoit pas de continuer la campagne, il résolut d'envoier M. le Dauphin en Allemagne avec trente-quatre bataillons & soixante-&-quinze escadrons, en lui recommandant d'y étendre ses conquêtes aussi loin qu'il lui seroit possible. En même tems les troupes, qui restoient à Gemblours, allerent camper à Chaumont & à Conroy, pendant que le Monarque se préparoit à retourner à Versailles. En partant, Sa Majesté remit à M. de Luxembourg la conduite de son armée de Flandre, qui, après le départ de M. le Dauphin, consistoit en quatre-vingt-seize bataillons & deux cens & un escadrons. Il lui ordonna sur-tout de chercher à retenir le Prince d'Orange sur la Dyle, d'empêcher qu'il ne se portât du côté de la mer; de prendre si bien ses mesures qu'il le prévint sur l'Escaut s'il y marchoit avec toute son armée, & de ne pas négliger de le combattre lorsqu'il

en

en trouveroit l'occasion favorable. Tous ces ordres n'étoient ni d'une défensive, ni d'une offensive ouverte. Il sembloit que le Roi ne dût se déterminer sur le siége de quelque place que suivant l'avantage que les Généraux auroient sû se procurer.

M. de Luxembourg crut que le meilleur moien de retenir le Prince d'Orange sur la Dyle, & de l'empêcher de marcher du côté de la mer, étoit de s'approcher de Louvain, de menacer cette place, & de persuader aux Alliés qu'il l'attaqueroit, en cas qu'ils s'en éloignassent. Il considéroit aussi qu'en s'approchant du Prince d'Orange, il trouveroit plus de fourrages à prendre aux dépens du Pays ennemi. Dans cette vûe, il envoia plusieurs détachemens reconnoître divers camps, tant sur la Geete & la Dyle, qu'entre ces deux rivières. Le 12. il chargea M. de Crequy, Maréchal-de-Camp, & M. de Puysegur, Maréchal-Général-des-Logis de l'armée, d'en d'aller reconnoître un au-delà de la Geete, où l'armée auroit sa droite à Tirlemont, & sa gauche à Judoigne. Le camp, qu'ils reconnurent, étoit aussi beau pour la situation qu'abondant en fourrages ; mais M. de Luxembourg y remarqua un défaut. Il n'étoit pas assez voisin des Alliés, & l'armée du Roi se seroit trop éloignée des chemins qu'elle avoit à prendre pour les suivre du côté de la Dendre, en cas qu'ils l'y obligeassent par quelques marches.

On fit encore reconnoître un autre camp, dont la droite devoit être appuiée à Bouler-sur-Train, & la gauche près de Florival. Nouvel inconvénient: ce terrein, coupé de bois & de ravins, étoit presque impratiticable. Cependant si l'armée du Roi avoit pû s'en accommoder, elle y eût plus embarrassé les ennemis que d'aucun autre poste. En jettant plusieurs ponts sur la Dyle, elle s'en rendoit aussi maîtresse que l'armée des Alliés, sans compter pour peu de chose la facilité qu'elle auroit eue, en marchant entre la Lane & la Dyle, d'aller en un jour camper au-delà du ruisseau de Genappe.

M. de Luxembourg voulut être instruit à fonds de l'assiette du camp qu'il prendroit, en laissant devant le centre de son armée la trouée par laquelle les ennemis pouvoient déboucher dans la plaine de Meldert & de Sluys, ou de l'Ecluse. Ce poste étoit très important par lui-même; mais la proximité des ennemis exigeoit des précautions pour s'y rendre. Le 13. M. le Prince de Conty, conjointement avec M. de Puysegur, Maréchal-Général-des-Logis, & M. d'Artaignan, Major-Général, partirent pour le reconnoître. M. de Luxembourg, plein de confiance dans la capacité & dans les lumières de ces trois principaux Officiers, s'en rapportoit à leur jugement. Il connoissoit à M. le Prince de Conty des talens supérieurs pour la guerre. En second lieu il avoit formé M. de Puysegur, qui s'acquittoit de la charge de Maréchal-Général-des-Logis de manière à justifier son choix. Cependant il avoit préferé de donner le Comte de Luxe, son second fils, pour Aide au Major-Général, parce que les fonctions de son emploi l'obligeant d'entrer dans tous les détails de l'infanterie, & le mettant dans le cas d'aller reconnoître chaque camp & de placer toutes les gardes & les détachemens plus ou moins considérables d'infanterie, il s'instruisoit en même tems des endroits

droits & de la façon dont il falloit disposer les gardes & les détachemens de cavalerie. Sur le rapport qui fut fait à M. de Luxembourg, il inclina pour le camp de l'Ecluse préferablement à celui entre les Geetes. Il y étoit plus à portée d'observer les mouvemens des Alliés, s'ils se portoient du côté de la mer ; mais le mauvais tems empêcha l'armée du Roi d'y marcher le 14. Elle n'y campa que le lendemain, 15. du mois.

On sonna le boute-selle ; on battit la générale au petit jour; à cheval, & l'assemblée une demi-heure après. L'aîle droite de cavalerie forma deux colonnes. La Maison du Roi prit la tête de la premiere ligne, qui dans sa marche laissa la seconde ligne à sa droite. Après la Maison du Roi, suivirent les Brigades de Dalou, de Saint-Simon, & la cavalerie qui étoit campée à la gauche de la Maison du Roi, à la réserve des Brigades de Bolhen & du Commissaire-Général, qui prirent la queuë de la seconde ligne de cavalerie, & marcherent après le Régiment de Presle.

La seconde ligne de l'aîle droite de cavalerie fit la colonne de la droite. La Brigade de Massot en eut la tête, & fut suivie de celles de Rottembourg, de Presle, de Bolhen & du Commissaire-Général. Toute l'aîle, qui étoit repliée en-deçà des tombes du quartier général, marcha en avant pour se mettre sur l'alignement de l'infanterie & pour s'approcher des Gardes du Roi, observant les distances d'une ligne à l'autre.

Douze bataillons, campés à Chaumont, marcherent à la suite de la cavalerie de la premiere ligne de l'aî-

1693. JUIN.

Marche de Tourine-les-Ordons à l'Ecluse.

l'aîle droite. Les Brigades de Navarre & de Bourbonnois, qui défilerent ensuite, allerent gagner celle de Lyonnois dès que l'on battit la générale, & furent suivies du reste de la ligne, comme elle étoit campée.

Les Brigades d'Anjou & de Nice joignirent le Régiment d'Artois & prirent la queuë de la cavalerie qui étoit à leur droite. Laissant passer devant elles la Brigade de Bolhen & celle du Commissaire-Général, elles suivirent la Brigade d'Artois, & le reste de la seconde ligne, comme elle étoit campée. Quatorze bataillons, campés à Conroy, prirent la queuë des deux lignes d'infanterie; la Brigade de Surbeck la queuë de la seconde ligne, & le Roi & Toulouse celle de la premiere.

L'aîle droite & toute l'infanterie marcherent aux villages de Sorisbor & de Longueville, qu'elles laisserent, l'un à droite, & l'autre à gauche. De là elles s'avancerent entre Pieterbais & la Couvertrie-à-Mellain, d'où elles entrerent dans la plaine du camp.

On laissa cinquante hommes par Brigade pour l'escorte des bagages d'infanterie, & trente Maîtres par Brigade de cavalerie. On ne chargea les bagages qu'après que toutes les troupes furent sorties du camp; ils défilerent tous par la droite & suivirent la colonne de leurs troupes.

La réserve, composée des Régimens d'Asfeldt, du Roi, de Villequier & de Bellegarde, ne détendit qu'après le départ des troupes; ce dernier principalement attendit le moment que tout le quartier général fût en marche. Alors ces Régimens s'assemblerent entre les villages de Conroy & de Chaumont pour
for-

former l'arrière-garde de toutes les colonnes. Celui d'Asfeldt-Etranger ne détendit que lorsqu'il dut faire l'arrière-garde des menus bagages de l'aîle gauche de cavalerie, qui passerent auprès de son camp, & allerent à Grez. Les gros bagages de cette aîle suivirent ceux de l'infanterie, & les bagages de l'aîle gauche eurent pour arrière-garde les vieilles Gardes de la gauche.

L'aîle gauche de cavalerie forma deux colonnes. Le Mestre-de-Camp eut la tête de celle de la droite, & fut suivi du reste de la première ligne de cette aîle, comme elle étoit campée. Montrevel eut la tête de la colonne de la gauche. Le Régiment de Fimarcon, qui étoit campé à cette aîle, mit deux escadrons à la tête du Mestre-de-Camp, & un troisième à la tête de Montrevel. Ces Dragons détacherent des travailleurs pour accommoder les chemins que tenoient ces deux colonnes.

Le Régiment de Dragons de Caylus, qui campoit à Chaumont, marcha avec les Gardes du Roi, aiant cent de ses travailleurs à leur tête. Le Régiment Colonel-Général précéda la Brigade de Massot, & détacha aussi cent travailleurs pour accommoder les chemins.

Lorsque l'aîle gauche de cavalerie fut près de Grez, on lui ouvrit des passages pour marcher à Bossut; mais elle ne traversa le ruisseau que quand M. de Luxembourg lui en eut fait parvenir l'ordre. Le Mestre-de-Camp, qui avoit la droite des deux colonnes de la gauche, tint le village de Conroy à quatre cens pas à la droite pour gagner la Chapelle de Notre-Dame. Cette colonne alla ensuite à la gauche du bois de Biergue passer au château de Grez, d'où elle entra dans la plaine, tenant Boſſut beaucoup ſur ſa gauche, étendant ſa droite du côté du bois d'Elchiſe, & le laiſſant derrière elle.

La ſeconde ligne de l'aîle gauche, en commençant par Montrevel, ſuivie du reſte de cette ligne comme elle étoit campée, laiſſa la première ligne à ſa droite pour arriver au bois de Biergue, qu'elle laiſſa auſſi du même côté. De là elle deſcendit à Grez, paſſa au-deſſus de l'Egliſe, s'en fut à Boſſut, & ſe mit en bataille derrière la première ligne. Elle ne traverſa le ruiſſeau de Grez qu'après l'avoir vû paſſer à ſa première ligne, & eut ſoin de ſe ſervir de l'eſcadron, qui étoit à ſa tête, pour faire tous ſes paſſages.

M. de Vigny envoia aux Gardes du Roi quatre Brigades d'artillerie, leſquelles marcherent à la tête des deux colonnes de la droite. Le reſte de l'artillerie, ſuivi des chariots de payſans, ſuivit la queuë de l'infanterie. Elle forma une colonne entre les deux lignes de bagages, aiant à ſa tête des travailleurs pour ajuſter les paſſages, & vint d'entre Soriſbor & Longueville à Pieterbais, d'où elle entra dans la plaine du camp. Les bagages du quartier général prirent la tête de ceux de la première ligne.

Les poſtes d'infanterie, qui entouroient le camp, n'y revinrent qu'après l'aſſemblée, pour faire l'arrière-garde de tout avec la réſerve. Comme on marchoit en pleine campagne, l'Officier, qui commandoit l'arrière-garde, eut ſoin de former pluſieurs colonnes des gros bagages.

L'ar-

L'armée campa sur deux lignes, la droite à Meldert, la gauche près de Bossut, la cense & le bois d'Elchise derrière la gauche, Tourine & Bevecum devant le front, & le quartier général à Sluys, ou l'Ecluse.

La droite de l'armée étoit sur une hauteur, & le centre moins avancé, afin de conserver l'avantage du terrein. Deux Brigades d'infanterie & deux Régimens de Dragons furent placés au bout du village de Meldert pour assûrer la droite. Un pareil nombre de troupes campa au-delà de Bossut, afin d'être maître d'une ravine qui étoit au front de la gauche. Depuis la droite jusqu'au centre, l'armée n'avoit vis-à-vis d'elle aucun ruisseau qui l'empêchât d'agir librement, celui, qui se forme auprès de Bevecum, étant assez foible, & ne se grossissant qu'au-dessous de Tourine.

D'un côté l'armée du Roi étoit séparée de celle des ennemis par ce ruisseau, & par un ravin impraticable à l'opposite de la gauche, au-dessus duquel se trouvoit la forêt de Meerdael, qui entre elle & la Dyle ne laissoit qu'une petite plaine fort étroite. Au-delà de cette forêt commençoient les bois de Welpe, dont la distance depuis là à Bevecum n'étoit pas considérable. La trouée, qui tenoit le milieu des deux endroits, ne formoit qu'un espace pour passer un bataillon de front, lequel auroit même dû se rompre en différens lieux plus resserrés.

Le 17. au matin M. de Luxembourg alla avec la droite de l'armée du Roi examiner s'il y avoit moïen de passer à travers les bois de Welpe, & si entre eux & la tête de la Aglande il ne se trouveroit pas quelque passage où il pût former l'aîle droite de sa cavalerie.

1693.
JUIN.
Il avoit envie de remplir ces bois d'infanterie, & de fondre sur le flanc des Alliés, pendant qu'une partie de sa gauche demeureroit opposée à la trouée de Bevecum & au centre de leur armée.

M. de Luxembourg laissa son escorte en-deçà des villages de Haut & Bas-Welpe, jetta seulement quelques Dragons dans les hayes, tant pour le soutenir que pour assûrer sa retraite, & s'avança fort près de la gauche des ennemis. Il remarqua qu'on ne pouvoit traverser ces bois que par deux ouvertures, l'une & l'autre aboutissant à une petite plaine qui pouvoit contenir environ vingt escadrons sur deux lignes. Il observa de plus qu'à la droite de cette plaine touchoit la tête de la Aglande, forêt très vaste, & qu'il étoit impossible de percer. La gauche des Alliés ne s'y étendoit pas tout-à-fait; mais elle occupoit une hauteur considérable, aiant vis-à-vis d'elle un ruisseau qui en baignoit le pied, & dont les bords étoient escarpés & difficiles. On ne pouvoit avoir accès au camp des ennemis par le front de cette petite plaine, parce que des bois & des hayes en retrécissoient le passage du côté de la droite, & ne présentoient qu'une issue d'environ deux escadrons de largeur pour arriver au ruisseau. Il y avoit encore deux grandes hayes, parallèles à cette ouverture, qui en rendoient l'approche difficile. Tous ces obstacles empêchoient qu'on pût gagner le flanc des ennemis & tomber sur eux.

Il n'étoit guères plus facile de les attaquer dans leur retraite, s'ils entreprenoient de repasser la Dyle. Derrière leur armée s'étendoit une belle plaine, & leur droite te étoit tellement hors d'insulte par la forêt de Meerdael, qu'on ne pouvoit pénétrer jusque-là. Outre ces avantages du terrein, ils avoient des ponts depuis Hever jusqu'à Louvain, à la faveur desquels leur aîle droite pouvoit se retirer brusquement, sans omettre la facilité qu'avoit toute leur infanterie d'entrer dans Louvain, & leur gauche de passer les ponts au-dessous de cette ville.

1693. JUIN.

Les deux armées, ne pouvant en venir à une affaire générale dans la position où elles étoient, les Généraux s'appliquerent à leur trouver des subsistances le plus long-tems qu'il leur seroit possible. M. de Luxembourg faisoit ses fourrages par aîle, & celle, qui ne fourrageoit pas, servoit d'escorte à l'autre. La proximité des ennemis donna lieu à cette précaution. Ils avoient consumé les pâturages d'une partie du Pays que l'armée du Roi avoit derrière elle, il fallut que, pour rester au camp de l'Ecluse, elle s'étendît sur la gauche au-delà de la Dyle, & sur la droite au-delà de la Geete. Le 29. Juin elle fit un fourrage entre le ruisseau de Welpe & celui de Meldert, s'étendant jusqu'au-delà de Tirlemont. On prit si bien ses sûretés, que les ennemis n'ôserent l'interrompre. L'aîle droite fut ensuite obligée de passer par-delà la Geete, parce que dans cette saison, où les fourrages étoient peu avancés, la consommation en étoit fort grande.

Peu de jours après que l'armée du Roi fut arrivée au camp de l'Ecluse, on avoit chargé M. de Puysegur de reconnoître les endroits propres à jetter des ponts sur la Dyle, & de visiter le terrein à l'autre rive, soit pour y camper, ou pour y fourrager. Il rapporta que si on

1693. vouloit camper entre la Lane & l'Yſche, il ſeroit né-
JUIN. ceſſaire de dreſſer des ponts ſur la Dyle & la Lane; que
la difficulté n'étoit pas d'en établir ſur la Dyle à Florival, mais qu'au-deſſous de cette Abbaye il y avoit des
marais qui embarraſſeroient beaucoup. Quelques jours
après, M. de Luxembourg ſe porta lui-même ſur les
lieux. Il obſerva auſſi que la Lane s'embouche dans la
Dyle fort près de la rivière d'Yſche; ce qui retrecit fort
le terrein dans l'endroit où la droite de l'armée auroit
pû être campée. Les pluies avoient inondé la prairie,
& rendu la digue d'Achtenrode abſolument impraticable; mais depuis là juſqu'au-deſſus de Florival, près
du ruiſſeau de Train, on accommoda ſept chemins & on
facilita l'abord de la Dyle. M. le Maréchal de Joyeuſe
eut ſoin de faire garder par les troupes de la gauche
pluſieurs ponts que l'on jetta ſur cette rivière, & qui
obligerent les ennemis d'uſer de précaution en allant au
fourrage de ces côtés-là. Ils en firent un conſidérable
entre l'Yſche & la petite rivière qui deſcend de Tervueren, avec une eſcorte de quarante eſcadrons, dont
ils avancerent quelques troupes juſque vis-à-vis de Florival. Ils y menerent de l'infanterie, qui rompit les
gués, détruiſit les ponts dreſſés ſur la Lane, & qui ſe
retrancha en différens endroits. Le Prince d'Orange,
qui vouloit ménager le Pays & prolonger ſon ſéjour
dans ſa poſition, fit enſuite délivrer à ſa cavalerie des
fourrages ſecs & de l'avoine, qui lui venoient par eau de
Malines & de Bruxelles.

Le camp de l'armée du Roi l'éloignoit beaucoup de
ſes vivres; il mettoit M. de Luxembourg dans la néceſ-
ſi-

sité de leur donner des escortes, proportionnées à la force de la garnison de Charleroy, qui pouvoit attaquer les convois d'un moment à l'autre. M. le Prince d'Orange aiant envoié cinq cens chevaux dans cette place, précisément la veille qu'un convoi devoit sortir de Namur sous les ordres de M. de Saint-Simon, on détacha aussi-tôt trois cens chevaux pour fortifier l'escorte, qui étoit de six cens chevaux & de cent cinquante Dragons. Le renfort de trois cens chevaux alla se poster au-dessus du château de Conroy, près de l'Orneau; ce qui garantit le convoi, qui venoit par le Masy.

Lorsqu'on prit la résolution à Gemblours de tirer de la Flandre une partie des troupes pour marcher en Allemagne, on avoit réputé pour perdu le fruit de toute la campagne dans cette Province, jusque-là qu'on s'étoit proposé, en cas qu'on retînt l'armée Françoise aux environs de la Geete, de rapprocher M. d'Harcourt avec les troupes, destinées à couvrir le Luxembourg.

Elles ne purent empêcher les ennemis d'y lever des contributions. M. d'Harcourt pouvoit être beaucoup plus utile à Namur. Il eût fait la sûreté, il eût partagé la fatigue des convois qu'on tiroit de cette place, & auxquels on étoit obligé de fournir de grosses escortes. L'attention pour cet article devenoit tous les jours d'autant plus nécessaire, que les ennemis augmentoient le nombre de leurs troupes à Charleroy. Outre le premier détachement de cinq cens chevaux, ils en avoient récemment fait un nouveau de neuf cens, qui étoient entrés dans cette place. Le 20 ils firent encore avancer en-deçà de Warem, vers les sources du Jaar, mille chevaux,

1693.
JUIN.

vaux, sortis de Liége, & dont un parti poussa jusqu'aux cinq Etoiles. Ces deux détachemens avertissoient de se précautionner des deux côtés.

Pour soulager les escortes des vivres, autant que pour assûrer la communication avec Namur, M. de Ximenès reçut ordre de camper à Jennevaux avec seize escadrons. Toute la cavalerie, que les ennemis avoient à Liége au nombre d'environ trois mille chevaux, en étant partie pour Huy vers le premier de Juillet, accompagnée de deux bataillons, on fut obligé de renforcer le Corps de M. de Ximenès de trente escadrons & de six compagnies de Grénadiers. Néanmoins on ne laissa pas que d'envoier de nombreuses escortes à Peruwez pour assûrer les convois, tant à leur arrivée de Namur à ce village, que dans leur renvoi de là à Namur.

La distance de cette place au camp, & la difficulté des chemins, abîmés par les orages, eussent ruiné en peu de tems l'équipage des vivres. Déjà même la plûpart des chariots de la frontière n'étoient plus en état de servir; ce qui obligea M. de Luxembourg de faire porter à Judoigne des cintres, au moïen desquels on établiroit le travail des vivres. D'ailleurs, comme les caissons & les chariots, qui servoient à voiturer le pain, ne suffisoient pas pour y transporter les farines, il régla que six cens chariots du Hainaut iroient charger à Mons un convoi de farines, qu'ils charieroient de là à Namur, & de Namur à Judoigne, sous l'escorte de M. de Vertillac, Gouverneur de Mons, & de M. de Guiscard, qui accom-

compagneroient le convoi, celui-là jusqu'à Beaumont, 1693.
celui-ci depuis cet endroit jusqu'à Namur. JUILLET.

M. de Vertillac, chargé de la défense des Lignes de la Trouille, où des détachemens de Charleroy avoient déjà pénétré dès le commencement de la campagne, appréhenda que s'il s'en éloignoit, les ennemis n'y entrassent une seconde fois & n'y causassent un plus grand désordre qu'à la première. Il savoit qu'ils en avoient le dessein, il convint avec M. de Guiscard qu'il iroit se poster à Jeumont, afin de pouvoir y porter du secours. En arrivant à Beaumont avec ce convoi, M. de Guiscard apprit qu'il étoit venu à Charleroy une augmentation de cavalerie, qui se proposoit de l'attaquer dans sa marche de Beaumont à Philippeville. Il dépêcha un courier à M. de Vertillac, qu'il pria de le rejoindre. Celui-ci, après avoir envoié aux Lignes le peu d'infanterie qu'il avoit pour en fortifier la garde, survint vers une heure après minuit, suivi d'environ quatre cens chevaux. Le 4. Juillet au matin M. de Guiscard se mit en marche, & donna l'avant-garde à M. de Bretoncelle avec six escadrons. M. de Vieuxpont s'y trouva avec deux cens Fusiliers, & M. de Meaux, Lieutenant-Colonel, marchoit à quelque distance, accompagné de quatre cens fantassins, qu'il avoit ordre de poster dans les défilés par où le convoi avoit à passer, afin d'assûrer sa marche. D'un autre côté M. de Prade, Lieutenant-Colonel, couvroit avec quatre escadrons le flanc que pouvoient attaquer les ennemis. Il lui étoit enjoint d'en faire huit troupes. Deux cens hommes de pied furent partagés de la même manière, & on en laissa un pareil nombre

pour

pour faire l'arrière-garde, conjointement avec la cavalerie que menoient MM. de Vertillac & de Lagny. Cent chevaux ou Dragons, divisés en plusieurs petits corps, couvroient la marche des troupes & du convoi du côté de Charleroy, celui, qui les commandoit, aiant ordre de se jetter beaucoup sur la gauche, afin de découvrir de plus loin les ennemis. Malgré les avis que M. de Guiscard avoit reçus le 3., & sur lesquels il avoit mandé M. de Vertillac; néanmoins un Partisan, qu'il avoit envoié passer la nuit aux portes de Charleroy, lui rapporta qu'il n'en étoit rien sorti, & que bien plus il n'y étoit arrivé la veille aucun détachement de l'armée ennemie. Cette nouvelle, confirmée par d'autres, donna lieu d'esperer que le convoi parviendroit à Philippeville sans aucune opposition. M. de Guiscard le fit marcher sur deux files, & lorsque la queuë fut sortie du bois de la Gayolle, il s'avança avec M. de Rassent sur la hauteur de Slenrieu, où M. de Bretoncelle avoit fait alte. Il envoia quelques détachemens de l'avant-garde fouiller le Pays du côté de Walcourt, & dès que le Marquis de Vieuxpont eut occupé le défilé avec deux cens hommes, les chariots défilerent pour le traverser. M. de Guiscard, aiant encore reconnu par lui-même qu'on pouvoit passer à des forges situées un peu plus haut, y mena une file, dont M. de Meaux assûra le passage & la sortie avec l'infanterie qu'il commandoit. Comme la tête & la queuë du convoi pouvoient être également attaquées, M. de Bretoncelle, qui étoit à l'avant-garde, prit toutes les précautions nécessaires pour en assûrer la tête. Il fit parquer les chariots au-delà du défilé, & s'empara de tou-

toutes les avenues par lesquelles on pouvoit venir à lui. M. de Guiscard, content de ces dispositions, repassa du côté de M. de Vertillac, qu'il pressa de faire défiler plus diligemment ce qui restoit encore de chariots. Il ne comptoit pas, en y allant, qu'il eût rien à craindre de ce côté-là; mais M. de Lagny lui fit dire qu'il avoit apperçu fort près de lui un Corps considérable d'ennemis. Un des petits partis, qui marchoient sur le flanc de l'escorte, avoit compté jusqu'à quatorze escadrons, sans avoir pû voir la fin de leur colonne. Sur cette nouvelle, M. de Guiscard pria M. de Vertillac de ranger en bataille ce qu'il avoit de troupes, en même tems qu'il réitera les ordres de hâter le passage du défilé, & manda à M. de Rassent, qui avoit joint M. de Bretoncelle, de lui dépêcher trois troupes & quelque infanterie, & de ne pas manquer d'assûrer d'autant plus la tête du village de Slenrieu, qu'il étoit à craindre que l'ennemi n'y fît couler de l'infanterie à la faveur du vallon. Pendant ce tems-là, M. de Guiscard visita la droite & la gauche du terrein dans lequel il devoit combattre, en attendant qu'un Partisan, qui étoit allé de nouveau reconnoître les ennemis, revint en rendre compte. Le Partisan l'informa qu'ils marchoient avec beaucoup de cavalerie & d'infanterie, dont il avoit vû une nombreuse colonne. M. de Guiscard retourna à ses troupes, qu'il trouva mal postées, aiant leur gauche à trente pas ou environ en arrière du village de Boussu. Déjà les ennemis commençoient à se former; ce qui rendoit dangereux tous les mouvemens en arrière qu'on feroit faire aux troupes. Cependant comme il remarqua qu'aussi-tôt que l'infanfanterie ennemie se seroit rendue maitresse du village de Boussu, la gauche de la cavalerie Françoise ne pourroit plus se soutenir, il ne balança pas à choisir un périlleux parti, plûtôt que de s'arrêter dans une situation où il étoit sûr d'être battu. Il fit faire demi-tour à droite à sa premiere ligne, & la mit dans les intervalles de la seconde, qui ne consistoit qu'en trois escadrons. Ensuite il s'éloigna du village de Boussu autant qu'il le crut nécessaire, & se remit en bataille ; de sorte qu'après avoir redressé sa ligne & partagé ses quatre cens hommes d'infanterie dans quelques intervalles, il se trouva en présence de l'ennemi, prêt à en être chargé, & n'aiant que douze troupes d'environ soixante-&-dix Maîtres chacune. Telles étoient ses forces, affoiblies jusqu'à ce point par les différens détachemens, lorsque M. de Rassent le joignit avec deux escadrons, les seuls qui avoient pû repasser en-deçà du défilé, & avec lesquels celui-ci se plaça dans la premiere ligne, le reste étant composé des Dragons de Bretoncelle, de Berteuil, & d'un escadron de Lagny.

Cependant l'infanterie des ennemis grossissoit à vûe d'œil, & gagnoit la hauteur de la droite des troupes de M. de Guiscard, qui, se voiant sur le point d'en être accablé, ne voulut pas différer plus long-tems à en venir aux mains. L'inquiétude, avec laquelle les siens remarquoient les mouvemens de l'infanterie ennemie, lui en fit craindre le découragement. Il leur dit qu'ils auroient battu ce qui étoit devant eux, avant que ceux, qui paroissoient sur leurs flancs, pussent les attaquer. Il parla à chaque escadron, & ordonna de charger

ger l'épée à la main. Dans l'instant il fit ébranler ses troupes, profita d'une pente qui tomboit à la gauche des ennemis dans un petit vallon où ils ne s'étoient pas étendus, ne le croiant pas praticable, & fit passer un petit marais à un escadron de Berteuil, commandé par M. de Prade, lequel déborda la ligne qui lui étoit opposée. Une partie de l'escadron, à la tête duquel chargea M. de Rassent, prit en flanc la cavalerie des ennemis qui avoit résisté jusque-là, & qui dans ce moment fut mise en déroute, la première ligne s'étant renversée sur la seconde, & celle-ci sur la troisième. M. de Rassent les suivit près d'une lieuë, les serra de si près & les poussa si vivement devant lui, qu'elles ne purent se rallier.

L'infanterie ennemie, qui occupoit le village de Boussu & les hayes voisines, fit un grand feu sur les troupes du Roi, aussi-bien que celle qui remplissoit les intervalles de leurs escadrons; l'une rejoignit l'autre. M. de Vertillac aiant été tué au commencement du combat, M. de Guiscard & M. de Lagny rallierent tout le monde qu'ils purent tenir en état de recevoir M. de Rassent qu'ils avoient perdu de vûe, & du retour duquel ils étoient fort en peine par le grand nombre d'ennemis qui pouvoient le ramener en desordre.

Malgré toute la diligence de M. de Vieuxpont avec son infanterie pour joindre M. de Guiscard, il ne put arriver avant que celle des ennemis, qui consistoit en deux mille hommes, eût gagné la tête d'un vallon qui assûroit sa retraite. Dans ce tems-là parut M. de Rassent revenant en bon ordre, & M. de Bretoncelle joignit

nit M. de Guiscard, après avoir eu la précaution de faire défiler le convoi vers Philippeville, & de donner les ordres nécessaires pour la sûreté de sa marche. M. de Bretoncelle traversa un petit marais, & monta sur la hauteur de la droite avec deux escadrons de Dragons & six cens hommes de pied, à la tête desquels étoient MM. de Vieuxpont & Delfian. M. de Guiscard, aiant essaié de couper par-là l'infanterie ennemie, mena lui-même le reste des troupes à une plaine où il se doutoit qu'elle alloit passer. En y entrant, il apperçut encore une partie de la cavalerie ennemie, qui du chemin de Beaumont, où elle s'étoit d'abord enfuie, revenoit reprendre celui de Charleroy. Il envoia à sa poursuite M. de Bretoncelle & trois troupes de Dragons, en même tems qu'il marcha, pour le soutenir, avec MM. de Rassent & de Lagny, & avec le reste de la cavalerie. Il laissa son infanterie au premier défilé, afin de le recevoir s'il étoit poussé ; mais nonobstant toute la promptitude possible, M. de Bretoncelle ne put jamais atteindre leur gros. Il fit seulement quelques prisonniers, & à l'approche de la nuit toutes les troupes reprirent le chemin de Philippeville, où, étant arrivées à minuit, elles rejoignirent le convoi qui y étoit entré avant les huit heures du soir, sans avoir perdu un cheval, ni un seul sac de farine.

Cette action couta aux ennemis plus de deux cens hommes tués, sans compter un très grand nombre de blessés & quantité de prisonniers. Ils avoient dix-huit escadrons & deux mille hommes d'infanterie, commandés par M. du Buy, Lieutenant-Général de la cavalerie

rie Espagnole. Une partie de ces troupes étoit venue dans Charleroy la nuit précédente, & y avoit joint celles qui s'y trouvoient depuis près de quinze jours. La perte des troupes du Roi fut beaucoup moins considérable que celle des ennemis, quoique supérieurs en forces. On ne perdit aucun Officier de marque, excepté M. de Vertillac (*a*), Gouverneur de Mons.

M. de Luxembourg avoit eu dessein de faire attaquer par M. de Ximenès la cavalerie, campée sous Huy & sous Charleroy. Sur le compte qu'on lui rendit de la position de l'une sous Huy, il en jugea l'attaque impossible, & pour l'autre, qui campoit sur le glacis de Charleroy, voici comment il vouloit qu'on s'y prît. L'escorte d'un convoi, qui passeroit par le Mazy, devoit s'avancer à la brune, & le détachement, portant des Grénadiers en croupe, eût été composé de quantité de Dragons & de la cavalerie nécessaire pour combattre celle des ennemis. Mais les précautions, qu'ils avoient prises pour ne pas être insultés sous cette place, mirent obstacle au projet de M. de Luxembourg, qui n'y pensa plus après le combat qui s'étoit donné près de Slenrieu.

Autant les pluies & les chemins rompus avoient délabré l'équipage des vivres, autant avoit souffert la cavalerie qui leur servoit d'escorte. Elle étoit si affoiblie par les mauvaises eaux du camp de l'Ecluse, qu'on appréhendoit que la plus grande partie des chevaux ne fût pas en état de soutenir la fatigue du reste de la campa-

_____
(*a*) M. de Laubanie en obtint le Gouvernement. Il fut pareillement chargé de la défense de la Haisne & des Lignes de la Trouille.

1693.
JUIL-
LET.

pagne. Néanmoins ce camp, plus qu'aucun autre, convenoit aux vûes qu'eurent d'abord le Roi & M. de Luxembourg; c'est-à-dire de suivre le Prince d'Orange s'il passoit la Dyle, & de mettre tout en usage pour le retenir dans sa position.

Dans le cas où le Prince d'Orange repasseroit la Dyle & marcheroit vers le canal de Bruxelles, le Roi desiroit que si M. de Luxembourg ne pouvoit entreprendre sur les Alliés avant ce tems-là, il tâchât de combattre leur arrière-garde entre Louvain & Bruxelles. Sa Majesté vouloit aussi qu'il les prévînt sur la Senne, & empêchât qu'ils ne se portassent plûtôt que lui du côté des Lignes & de la mer. L'armée du Roi ne pouvoit livrer bataille aux Alliés entre Louvain & Bruxelles, qu'après avoir traversé la Dyle, la Lane, l'Yfche & le ruisseau de Tervueren; ce qui demandoit plus d'un jour. D'un autre côté les Alliés, en passant la Dyle, tomboient dans une belle plaine aisée à marcher, & pouvoient le lendemain avoir traversé le canal de Bruxelles avant qu'il fût possible de les joindre. Quant au parti que proposoit le Roi de se porter vers Enghien, M. de Luxembourg l'estimoit plus facile & plus sûr. Pour cet effet, il pensoit qu'il valoit mieux laisser la Lane devant lui après avoir passé la Dyle, & s'étendre le premier jour sur la gauche aussi loin qu'il seroit possible, afin qu'on pût le jour suivant aller camper, la droite à Braine-Laleu, & la gauche vers la Senne. Il projettoit d'avancer un Corps sur cette rivière le même jour de son arrivée à Braine-Laleu, d'y établir ses ponts pour le lendemain, & de se poster

aux

aux environs de Halle, de manière à obliger les Alliés de rester dans le camp d'Anderlecht. Cette position les eût réduits à la nécessité de manger leur Pays, pendant qu'il auroit fourni à leurs dépens quelque subsistance aux troupes du Roi.

Les ennemis paroissoient disposés à faire passer des troupes d'Angleterre à Ostende. M. de Luxembourg suggera au Roi un expédient, capable de les tenir en bride. C'étoit de rappeller M. de la Valette, avec les troupes qui étoient sur les côtes, parce qu'après le débarquement des Anglois, la France n'avoit plus de descente à craindre. En mettant M. de la Valette en état de se soutenir par lui-même, M. de Luxembourg se persuadoit qu'au-lieu de se porter sur la Senne, ou de chercher inutilement à combattre les ennemis entre Louvain & Bruxelles, il seroit préferable de marcher sur la Geete, ou sur le Jaar. On étoit presque assûré d'empêcher le Prince d'Orange d'aller du côté de la Flandre. En effet il avoit fort à cœur de persuader aux Alliés que son constant séjour sous Louvain sauvoit tout le Pays. Ainsi il y avoit apparence qu'il ne s'en éloigneroit pas facilement, & qu'il marcheroit vers Leeuwe quand l'armée du Roi porteroit ses pas sur le Jaar. Par-là il se mettoit à portée de partager les fourrages avec les troupes du Roi, & de s'opposer aux courses qu'elles voudroient faire au-delà du Demer. Cette démarche ne pouvoit qu'être agréable aux Hollandois, dans la persuasion qu'elle contribuoit à garantir les places de la Meuse & la Campine.

La disette des fourrages obligeoit l'armée du Roi de

1693.
JUILLET.

les prendre, d'un côté au-delà de la Dyle, de l'autre, au-delà de Tirlemont & jusqu'à l'Abbaye d'Heyliſſem. Elle avoit conſommé fort au loin ceux qui étoient derriere elle; tellement qu'il fallut lui chercher une autre poſition où elle trouvât dequoi ſubſiſter. Juſque-là le Prince d'Orange n'avoit pû pénétrer quelles ſeroient ſes démarches, il dut les connoître dès lors qu'elle feroit quelque mouvement. Il s'agiſſoit donc de ſe réſoudre, ou à marcher vers la Flandre, en laiſſant aux ennemis la liberté de tirer toutes leurs troupes de Liége & du Luxembourg, ou à prendre le parti de donner de la jalouſie aux Alliés pour les places de la Meuſe, en les laiſſant les maîtres de marcher en Flandre & d'y attaquer les Lignes.

Dans cette conjoncture, ſi l'armée du Roi venoit à former quelque entrepriſe, il étoit bien difficile d'empêcher les ennemis de prendre la ſupériorité de la campagne. Si d'un autre côté on avoit à entreprendre quelque ſiége, ce ne pouvoit être que celui, ou de Leeuwe, ou de Huy; encore étoit-il à craindre que pendant que les troupes du Roi ſeroient occupées à en pouſſer les travaux, le Prince d'Orange ne cherchât l'occaſion de les attaquer.

En s'attachant à Leeuwe, M. de Luxembourg étoit obligé de partager ſon attention & ſes forces. D'un côté M. le Prince d'Orange, qui ſe tenoit à Louvain; de l'autre les troupes qui étoient à Liége, & qui formoient une petite armée, ne pouvoient manquer de lui ſuſciter des obſtacles, ſes quartiers étant ſéparés par une rivière. D'ailleurs le manque de chariots
né-

nécessaires pour le transport des munitions ne tendoit à rien moins qu'à traîner l'expédition en longueur, ou à différer l'investissement de la place, & par conséquent à donner aux Alliés tout le tems d'empêcher, ou de troubler les succès du siége. Bien plus, quand même on auroit pû transporter les vivres & les munitions de Namur à Leeuwe sans aucun obstacle, il eût toujours été difficile de conserver la conquête d'une place, si avancée dans le Pays ennemi.

A l'égard de Huy, on ne pouvoit l'assiéger qu'avec un Corps considérable de troupes, attendu la séparation des quartiers & la proximité de Liége. Pour peu que l'armée du Roi se partageât, elle devenoit trop foible pour résister au Prince d'Orange; si au contraire elle marchoit toute entière à Huy, les troupes de Liége, se joignant à ce Prince, le rendoient supérieur en nombre.

Avant que M. de Luxembourg ne reçût de la Cour les ordres sur la conduite qu'il auroit à tenir dans les circonstances, il crut devoir prévenir le Roi sur les avantages & les inconvéniens qui pouvoient résulter des différens partis qu'il se proposoit de prendre. Sa Majesté préfera celui de faire marcher son armée sur la Geete, ou sur le Jaar. Elle voulut qu'afin d'obliger en même tems le Prince d'Orange de se régler sur les mouvemens de M. de Luxembourg, & de l'empêcher de se porter vers la Flandre, son Général attaquât Huy dès lors que les Alliés repasseroient la Dyle & prendroient la route de Bruxelles; que si le Prince d'Orange revenoit sur ses pas & donnoit occasion à un combat, il n'hésitât pas à l'engager. En conséquence M. de Luxembourg se mit

en

en marche le 8. Juillet, & campa avec son armée à Heylissem. M. de Puysegur reconnut les gués & les endroits où il étoit à propos de jetter des ponts pour passer la Gecte. Comme les ennemis n'étoient campés qu'à trois quarts de lieuë tout au plus, & que le Prince d'Orange pouvoit tomber sur l'arriére-garde, M. de Luxembourg régla la marche des troupes & des équipages dans l'ordre suivant.

Le 7. vers le soir, on chargea tous les gros bagages, qui prirent les chemins qu'on leur avoit marqués. Les menus bagages ne chargerent qu'à une heure de jour, & tinrent la même route que les autres.

On ne sonna le boute-selle, on ne battit la générale, non plus qu'à cheval & l'assemblée, que sur un ordre exprés de M. de Luxembourg; & comme il s'étoit élevé un brouillard assez épais, on ne reçut cet ordre qu'à neuf heures du matin.

Dès qu'on eut sonné à cheval, l'aîle droite & l'aîle gauche de cavalerie marcherent à colonnes renversées à la tête de l'infanterie de leur ligne, & lorsqu'elles se furent jointes, elles firent face à l'ennemi. Par ce mouvement l'armée, qui campoit sur deux lignes, se trouva campée sur quatre.

L'infanterie, qui étoit à Meldert, alla, aussi-tôt après la générale, se mettre le long du bois de Mellain, en commençant au village de Wanhein, & continuant jusqu'à l'endroit où parquoit l'artillerie.

L'infanterie de Bossut fit la même chose, & partit à la même heure pour se poster près de la cense d'Elchise.

Les

DE FLANDRE. 49

1693. JUILLET.

Les Dragons de la droite & de la gauche se rangerent au flanc des lignes.

L'armée, étant sur quatre lignes, doubla pour se mettre en bataille sur huit lignes. Chacune se partagea par moitié; toutes les gauches doublerent derrière les droites. Les quatre Brigades, qui se trouvoient à la gauche de la seconde ligne d'infanterie, doublerent derrière les trois de la droite; Nice derrière Anjou, Greder derrière Zurlauben; Arbouville & Orléans derrière Surbeck. La seconde ligne de l'aîle gauche de cavalerie doubla pareillement derrière la seconde ligne droite; Montrevel derrière Saint-Simon; Labessiere derrière Presle, & Massot derrière Rottembourg. La premiere ligne exécuta le même mouvement.

La seconde ligne d'infanterie, après en avoir formé deux, marcha de front à travers les petits bois taillis pour se mettre en bataille, aiant la gauche aux censes de Hayette, & la droite derrière la Couvertrie de Mellain.

Les deux lignes de cavalerie, qui suivoient, se mirent en bataille auprès de Pieterbais, se tenant à distances raisonnables des lignes qui étoient devant & derrière elles; ce que firent aussi toutes les autres.

Dans cette disposition, l'armée reçut l'ordre de M. de Luxembourg de continuer sa marche. Alors, au-lieu de marcher en bataille, elle se mit en colonne, & passa par des ouvertures, faites exprès depuis la Couvertrie de Mellain jusqu'aux censes de Hayette.

L'infanterie se divisa en quatre colonnes, & en eut trois de cavalerie à sa droite, & autant à sa gauche.

Tome IV. G Cel-

Celles de la droite furent formées par la seconde ligne de l'aîle gauche de cavalerie, & celles de la gauche par la seconde ligne de l'aîle droite. Elles furent suivies chacunes de la première ligne de leur aîle dans le même ordre.

L'infanterie, qui composoit la première ligne, se régla sur les mouvemens des Brigades de la seconde qu'elle avoit derrière elle. Lorsque la tête de toutes ces colonnes fut arrivée à l'entrée de la plaine, elles tournerent à droite pour passer à la tête de la ravine de Lathuy; & entrerent dans la plaine, entre la Geete & la ravine.

Les trois colonnes de la droite, qui étoient pour l'aîle gauche, allerent passer la Geete sur trois ponts entre Judoigne-Souveraine & Judoigne-le-Marché, ensuite le ruisseau, auprès de Molembais, sur trois autres ponts dressés au-dessous du village, d'où elles entrerent à la gauche du camp, qui étoit leur poste.

Les quatre colonnes d'infanterie traverserent la Geete près de Judoigne, d'où elles arriverent à leur camp. Les trois colonnes de la gauche continuerent leur marche jusqu'aux trois ponts que l'on avoit jettés près de Sainte-Marie-Geest, où elles passerent la rivière, & se rendirent de là entre Esemael & Goussoncourt, où fut leur camp.

Les gros bagages, qui étoient au quartier de Meldert, s'assemblerent à la droite des troupes. Ils allerent, précédés de cinquante chevaux, passer au moulin de l'Ecluse, de là au pont de Lumai, & lorsqu'ils furent dans la plaine au-delà de la Geete, ils doublerent pour débarrasser les ponts, l'Officier de cavalerie, qui marchoit à leur

leur tête, aiant soin de les contenir. Les équipages de la Maison du Roi suivirent cette colonne. Ceux des Brigades de Bolhen, de Saint-Simon & de Presle s'assemblerent à la tête de Saint-Simon pour s'approcher du quartier général, d'où ils prirent le chemin de Geest-Saint Remy, & passerent au pont que l'on avoit fait au-dessous de Sainte-Marie-Geest.

Les bagages de M. le Duc de Chartres & ceux des Brigades de Rottembourg & de Dalou marcherent au pont de Wanhein, d'où ils enfilerent le chemin de Mellain, qu'ils laisserent à droite pour passer, de Gaptenche & de Husonpont, au pont construit au-dessus de ce dernier village, & le plus voisin de Sainte-Marie-Geest.

Tous les gros bagages de l'infanterie s'assemblerent à l'artillerie, & tous ceux de l'aîle gauche de cavalerie auprès de la cense d'Elchise. Il en fut de même pour le rendez-vous des menus bagages, qui eurent cinquante Maîtres à leur tête. Les bagages d'infanterie suivirent la route marquée pour leurs troupes; ceux de l'aîle gauche en firent autant.

On mit deux cens hommes d'escorte dans les bagages de l'aîle gauche, même nombre dans ceux de l'infanterie, cent dans la colonne qui passa au pont de Wanhein, deux cens dans celle du quartier général, & autant dans celle qui traversa le moulin de l'Ecluse.

Aussitôt l'ordre donné, on commanda douze cens hommes d'infanterie, dont la moitié eut son rendez-vous à la tête des Gardes du Roi, & l'autre moitié le sien à la tête de la Brigade de Maulevrier. Les six cens de la droite marcherent au village de Lumai, d'où ils détacherent deux cens hommes, tant pour garder les ponts bâtis sur la Geete dans Tirlemont, que pour épier ce qui pouvoit venir du côté du camp des ennemis. Les quatre cens autres attendirent au-delà du pont, les ordres de M. de Pracontal, Maréchal-de-Camp de jour.

On envoia du côté de Bauterfem un parti de cavalerie de cinquante Maîtres, avec ordre de donner avis de ce qui paroîtroit de ce côté-là. Ils firent avertir l'Officier, qui commandoit les deux cens hommes au pont de Tirlemont, d'assurer leur retraite.

Des six cens hommes de la gauche on en plaça cinquante à Roux-miroir, & autant sur la hauteur du petit bois près d'Incourt. Ils ne quittèrent leurs postes qu'après que toute l'armée fut passée. Le reste alla traverser les ponts au-dessus de Judoigne, où il attendit les ordres du Maréchal-de-Camp.

On commanda mille chevaux avec les nouvelles Gardes, qui se trouverent à minuit aux caissons sous les ordres de M. de Pracontal.

On ne demanda le campement que lorsqu'on en eut besoin. M. de Pracontal détacha un parti du côté de Huy sur la chauffée, un autre vers Leeuwe, & veilla avec le reste de ses troupes à la sûreté des bagages lorsqu'ils furent arrivés dans le camp.

Les Gardes de cavalerie reprirent leurs postes de jour, & se retirèrent à mesure que l'armée s'éloignoit. Les postes d'infanterie, qui étoient dans Tourine & dans Bevecum, n'en partirent que lorsque la Garde de cavalerie, qui étoit au-dessus, eut ordre de se retirer. On ne fit point usage des chemins les plus courts pour arriver au camp, de crainte que l'ennemi ne se jettât sur l'une ou l'autre des colonnes, qui se seroient trouvées séparées par des ruisseaux & des ravines; au lieu que rassemblant toutes les troupes au-dessus de Pieterbais, on ne pouvoit attaquer un bataillon, ou un escadron, sans avoir à faire à toute l'armée.

Toutes les troupes défilerent en très bon ordre par la trouée entre le bois, la cense d'Elchise & le village de Wanhein.

L'armée fut campée entre les Geetes sur deux lignes, la droite tirant vers Leeuwe, la gauche vers Judoigne, & l'Abbaye d'Heylissem pour quartier général.

Les précautions, qu'il fallut prendre pour repasser la Geete, obligerent M. de Luxembourg de rester à l'arriere-garde. Les ennemis s'avancerent à la sortie de la trouée qui faisoit face à leur camp. Ils garnirent les bois d'infanterie & de canon, & envoierent environ soixante escadrons dans la plaine, lesquels s'étendirent vis-à-vis du terrein où campoit la droite de l'armée du Roi, mais la marche étoit si bien disposée, que cette cavalerie ne put l'interrompre.

En arrivant au camp d'Heylissem, M. de Luxembourg envoia de différens côtés des partis à la guerre. La veille de son départ de Meldert, il avoit aussi détaché du côté d'Hannuye le Chevalier Dupré avec cinquante Maîtres & vingt Dragons, afin d'observer ce qu'il verroit paroître de ce côté-là, & d'en donner avis à M. de Pracontal, Officier-Général de jour, à qui il appartenoit d'établir le camp. Le Chevalier Dupré ren-

1693.
JUIL-
LET.

rencontra un parti de vingt Maîtres des ennemis, qui ne tint pas ferme, & dont il prit quatre cavaliers. Il en chassa un autre de trente Dragons, qui se retira, comme le premier, dans un village où étoient embusqués cinquante Maîtres des troupes de la garnison de Huy. Les deux premiers détachemens s'étant joints au troisième dans le village, le Chevalier les entama. Ils essuierent de fort près le feu des uns des autres; mais le détachement François, aiant aussi-tôt mis l'épée à la main, rompit les ennemis, & fit sur eux vingt-&-un prisonniers. Ils eurent plus de vingt cavaliers tués sur la place, & au-lieu de trente-six chevaux qu'on leur enleva & amena au camp, le Chevalier Dupré n'en perdit que sept & quelques hommes.

Rarement tous les partis de l'armée Françoise revenoient de la petite guerre, sans en ramener des prisonniers, ou sans remporter quelque avantage sur ceux des ennemis. Ces petits succès avoient tellement intimidé leurs troupes, que le 10. M. de Luxembourg étant allé avec un petit détachement se promener vers Leeuwe, pendant que les Alliés se préparoient à fourrager à Oplinter & Neerlinter, un de leurs partis, qui avoit passé la Geete, fut si allarmé à l'aspect du détachement, que toute l'escorte du fourrage s'en retourna précipitamment, sans que les fourrageurs eussent seulement commencé leur besogne.

Cependant on eut avis que M. du Buy étoit revenu à Bruxelles avec toute la cavalerie qu'il avoit à Charleroy; ce qui rassûroit M. de Luxembourg au sujet des Lignes de la Trouille, & permettoit à M. de la Valette

d'en

d'en tirer une partie des troupes dans le besoin. Les ennemis avoient réussi à pénétrer dans ces Lignes aussi souvent qu'ils l'avoient tenté; aussi M. de Luxembourg pensoit qu'il eût été plus avantageux de les abandonner & de s'en tenir à la défense de l'Hondau. On y eût employé moins de troupes, & jamais les détachemens ennemis n'eussent ôsé laisser Mons derrière eux pour aller les forcer.

Tandis que l'armée du Roi asséioit son camp entre les deux Geetes, une partie des troupes, que les Alliés tenoient sur la Meuse, s'étoit mise en marche pour joindre le Prince d'Orange. Ces troupes, qui se rendirent à Louvain, en se couvrant du Demer, consistoient en vingt-deux bataillons, dont dix tirés de Liége, six de Maestricht, trois arrivés depuis peu de Hollande, & autant venus de Charleroy. M. de Luxembourg avoit dessein de maltraiter ces trois derniers bataillons dans leur marche: mais l'avis, qu'il en devoit recevoir, fut envoié à M. de Guiscard, qui n'étoit pas de retour du convoi, & l'espion, porteur de cette nouvelle, ne voulut s'en ouvrir qu'à lui. Après cette jonction, l'infanterie des Alliés se trouva supérieure à celle de M. de Luxembourg, parce que dans l'armée du Roi il y avoit beaucoup de bataillons, qu'on ne pouvoit considérer que comme de gros pelotons.

Le Général Flemming, qui s'étoit avancé à quelques journées de la Meuse pour observer la marche de M. le Dauphin, étoit revenu sur cette rivière, & y avoit joint l'armée des Alliés avec quelque cavalerie.

Outre les vingt-deux bataillons & cette cavalerie du Gé-

1698
JUILLET

Général Flemming, le Prince d'Orange attendoit encore celle que le Comte de Tilly commandoit sur la Meuse. Elle formoit un Corps d'environ trois mille chevaux, qui de Huy étoit revenu à Liége, & qui le 13. au soir avoit marché sous Tongres, où il campoit près du château de Hamal au-delà du Jaar.

M. de Luxembourg en apprit la nouvelle le 14. pendant qu'il assistoit à un fourrage que faisoit l'aîle gauche. Sur le champ il envoia d'un côté deux hommes affidés, & un parti de l'autre pour en savoir des nouvelles certaines, qui lui seroient communiquées pendant qu'il marcheroit pour les attaquer. Il ordonna en même tems qu'on fît repaître quarante-quatre escadrons de son aîle droite, y compris la Maison du Roi, & qu'ils se tinssent prêts à marcher au premier ordre.

Les nouvelles, qu'il avoit reçues de ce Corps de cavalerie, lui aiant été confirmées trois heures après, & lorsqu'il étoit encore au fourrage, il résolut de le combattre. Il chargea M. le Maréchal de Villeroy de lui amener les troupes auxquelles il avoit envoié ses ordres, avec les Officiers-Généraux de l'aîle droite. Ce détachement partit du camp à six heures du soir, & alla se réunir avec M. de Luxembourg près du village de Montenaken, où il s'étoit arrêté. Seize compagnies de Grénadiers, s'étant rendues au même endroit, prirent les devants, & formerent l'avant-garde avec dix troupes que M. de Marsin tira de celles qui se trouvoient au fourrage. M. de Villeroy ne rejoignit M. de Luxembourg à la tombe d'Avernas que sur les huit heures. Les troupes continuerent sur deux colonnes leur marche à

la

la droite de Warem, & allerent, en se côtoïant, passer le Jaar; celle de M. de Luxembourg à Horelle, & celle de M. de Villeroy à Grenville. M. de Marsin traversa aussi le Jaar à Horelle, & fut joint dans sa marche par MM. de Janet & du Rosel, qui revenoient de la guerre, chacun avec cent cinquante Maîtres. Le détachement de M. du Rosel, où M. le Duc de Montfort étoit en second, précéda celui de M. de Marsin; & M. de Sanguinette, Exempt des Gardes du Corps, qui en commandoit une troupe, eut la tête de la marche.

1693. JUILLET.

Tous ces détachemens n'acheverent de passer le Jaar qu'à trois heures du matin. Aussitôt après, la tête de la colonne, que menoit M. de Luxembourg, traversa cette rivière; & comme il n'y avoit plus qu'une lieuë de là au camp des ennemis, les deux colonnes marcherent avec diligence, tandis que M. de Luxembourg s'avançoit avec les détachemens de l'avant-garde, afin de voir leur disposition par lui-même, & de prendre son parti avec plus de certitude.

Le Comte de Tilly étoit instruit de la marche des troupes du Roi; un Prêtre l'en avoit averti à minuit. Cependant ne croiant pas qu'elles pussent si-tôt le joindre, il n'ordonna aux siennes de monter à cheval que vers les trois heures du matin. Environ les quatre heures, M. de Luxembourg arriva à la vûe du terrein où campoient les ennemis. Il remarqua qu'une partie de leurs troupes marchoit du côté de Maestricht; que les autres, au nombre d'environ sept ou huit escadrons, étoient en bataille à la tête de leur camp, & n'attendoient que le moment que leurs bagages eussent défilé,

Combat de Hamal, près de Tongres.

pour se retirer. M. de Luxembourg fit serrer de près ces derniers escadrons par M. de Marsin & par les deux autres détachemens, afin de les amuser & de donner aux deux colonnes des troupes du Roi le tems d'arriver.

Les ennemis ne les virent pas plûtôt paroître, qu'ils abandonnerent le soin de leurs bagages, & songerent à une prompte retraite. Ils passerent en desordre un grand ravin qu'ils avoient à dos, & se rallierent sur la hauteur. La troupe de M. de Sanguinette & celle de M. du Rosel se tinrent dans la pente du ravin du côté des ennemis. Elle étoit si escarpée, que M. de Sanguinette, qui étoit le plus avancé, s'y trouvoit à couvert.

L'arriere-garde des ennemis vouloit tenir sur la hauteur pour donner le tems au reste de leur cavalerie de s'éloigner. M. de Luxembourg s'en apperçut, il ordonna à M. de Marsin de commencer le combat; ce qu'il fit avec autant de valeur que de capacité. Tandis qu'ils résistoient à la troupe de M. de Sanguinette, il passa le ravin au-dessus du terrein qu'ils occupoient, afin de les prendre en flanc. M. de Sanguinette, qui s'étoit hâté de charger, sans attendre le moment que M. de Marsin les combattît plus avantageusement, attaqua avec une seule troupe une colonne de six escadrons par le front. Il périt dans un feu très vif, & M. de Montfort, qui s'étoit joint à lui, reçut plusieurs blessures, entre autres une à la tête, fort dangereuse. M. de Thiange, qui y servoit comme volontaire, fut aussi blessé.

A peine M. de Marsin parut avec son détachement sur le flanc des ennemis, qu'ils tournerent le dos dans

la

la dernière confusion. M. de Luxembourg débanda à leur poursuite toutes ses troupes détachées, & manda promptement ses colonnes, dont la diligence ne put surpasser la vitesse des fuiards. Les détachemens les suivirent jusqu'à une petite lieuë de Maestricht, leur tuèrent environ cent vingt hommes, & leur en prirent à peu près autant. Du nombre des prisonniers furent quelques Colonels & beaucoup d'autres Officiers.

On leur enleva trois étendards & deux paires de timballes, on pilla tous leurs équipages & on ne différa pas d'un moment à mettre le feu aux chariots. Il n'y eut des troupes du Roi que le seul détachement, que commandoit M. de Sanguinette, qui fit quelque perte. Enfin après avoir donné un peu de repos aux soldats, on les ramena au camp.

Le Prince d'Orange, aiant reçu les différens détachemens qui lui étoient venus de la Meuse, de Hollande & de Charleroy, voulut inquiéter l'armée du Roi par une diversion & l'obliger de s'affoiblir. Il détacha treize bataillons & dix Régimens de cavalerie, faisant environ vingt-cinq escadrons, à dessein d'attaquer les Lignes d'Espierre. Ces troupes, qui se mirent en marche le 11. de Juillet, furent renforcées par cinq ou six bataillons, tirés de Gand & des places voisines de la mer. Sur de faux avis que les Alliés devoient envoier des troupes sur l'Escaut, M. de Luxembourg fit partir un Régiment de cavalerie & un de Dragons pour se rendre sous Maubeuge, d'où ils pouvoient joindre M. de la Valette, ou revenir vers Namur, selon les occasions. A la première nouvelle de la marche du détachement des ennemis vers

1693.
JUIL-
LET.

l'Escaut, il ordonna la jonction de ces deux Régimens avec M. de la Valette.

On avoit décidé à Gemblours que si les Alliés dépêchoient un gros Corps aux Lignes, on n'y auroit point assez égard pour affoiblir la grande armée pendant qu'elle seroit à portée du Prince d'Orange & aux environs de la Geete, parce que tel détachement, qu'on en feroit, ne pourroit y arriver aussi-tôt que celui des ennemis. Cependant on touchoit au moment le plus favorable d'assiéger Huy, & comme le Roi en avoit résolu le siége, M. de Luxembourg se tourna du côté de cette place dès lors même qu'il fut assuré que le détachement des ennemis avoit passé la Dendre. Son armée décampa le 18., & arriva le premier jour à Waleff.

Marche de Heylissem à Waleff.

Cette marche se fit sur huit colonnes; le bouteselle & la générale au jour; à cheval & l'assemblée quand on en donna l'ordre.

L'aîle gauche de cavalerie forma les deux colonnes de la droite. Le Meſtre-de-Camp, suivi de la première ligne, eut la droite des deux; & Maſſot suivi de la seconde ligne, eut celle de la gauche. La colonne, dont le Meſtre-de-Camp avoit la tête, alla paſſer à la cenſe de Franche-Comté & à Jauche. Enſuite laiſſant Jandrin avec Mierdaux à droite, & Thine à gauche, ainſi que la colonne de cavalerie qui devoit marcher à ſa gauche, elle continua ſa marche à la droite de la cenſe & de la tombe du Soleil pour gagner la hauteur de Breff, où fut ſon camp. L'autre colonne, dont Maſſot avoit

la

la tête, tint Pietram & Herbais à gauche, marcha entre Ayninez & Marilles, traversa le moulin de Jauffe, & mit Jandrin à droite, ainsi que l'autre colonne de cavalerie, qu'elle côtoia jusqu'à l'entrée du camp.

La troisième colonne fut pour les bagages de cette aîle, lesquels observerent l'ordre de la marche de leurs troupes, & furent suivis de ceux de l'infanterie, campée au-delà du bois de Chapiavaux. Cette colonne se porta à Pietram, laiffa Herbais avec Ayninez à droite, & Marilles à gauche pour aller à Orp-le-petit, au pont de Terbeck, à la cenfe de Jauffe, & à Thine, d'où, côtoiant la colonne de cavalerie qui étoit à sa droite, elle entra dans la plaine du camp.

La quatrième colonne fut pour les Brigades d'infanterie qui campoient au-delà du bois de Chapiavaux. La Brigade d'Orléans en eut la tête, & fut suivie de celles de Reynold, de Piémont, du Roi, de la Saarre & de Roïal-Rouffillon. La Brigade de Maulevrier, qui étoit au flanc de l'armée, suivit la cavalerie de la gauche. Cette colonne tint Pietram à droite pour marcher à Noduwé, de là à Orp-le-grand & à Haler-le-petit. Elle coula ensuite le long du chemin d'Hannuye, qu'elle laiffa à gauche, aiant la cenfe de Dieuregard à droite, & arriva ainsi dans la plaine du camp.

La cinquième colonne fut pour l'artillerie, laquelle paffa au quartier général, & mit l'Abbaye de Heyliffem à fa gauche pour aller à Linfmeau, qu'elle laiffa à droite. De là elle prit le chemin d'Hannuye, en tenant la tombe d'Avernas beaucoup sur sa gauche, & quand

1693. elle fut arrivée au-delà de Hannuye, elle se rendit dans
JUILLET. la plaine du camp.

Les équipages du quartier général suivirent la même route, & après eux, ceux de Greder Suisse, de Reynold & de la Brigade des Gardes.

La sixième colonne fut pour les Brigades de Greder Suisse, de Nice, de Surbeck, des Gardes, de Guiche, & pour le reste de l'infanterie. Cette colonne s'en fut passer le pont près de l'Abbaye de Heylissem qu'elle laissa à droite, & marcha par les terres droit à la tombe d'Avernas, qu'elle tint à gauche & la colonne d'artillerie à droite. Ensuite elle prit sur Hannuye, qu'elle mit aussi à droite, & entra par Blehen dans la plaine du camp. Les bagages de ces troupes passèrent au même pont & suivirent la même route.

La septième colonne fut pour la seconde ligne de cavalerie de l'aîle droite, la Brigade de Rottembourg en eut la tête. Cette colonne passa au pont du Roi qui étoit derrière le Régiment de Villiers, laissa Racou à droite, & les villages de Wamont, de Houten & de Montenaken à gauche, ainsi que la première ligne de cavalerie, pour marcher entre Avernas-le Gras & Avernas-Baudouin. De là elle vint, entre Binseray & Trogny, gagner Hologne, où aiant traversé le Jaar, elle entra dans la plaine du camp. Les bagages de cette colonne passèrent le même pont & suivirent la même route.

La huitième & dernière colonne fut pour la première ligne de cavalerie de l'aîle droite, en commençant par la Maison du Roi. Cette colonne passa au pont de Heylissem près de la maison de M. de Rosen, laissa

Ra-

Racou avec l'autre colonne de cavalerie à sa droite, & les villages de Sainte-Gertrude, de Houten & de Montenaken à sa gauche, côtoia l'autre colonne à la gauche de Cortis, passa la Meulle à Verres, traversa le Jaar à grand & à petit Hache, d'où elle vint se rendre à la droite du camp. L'infanterie, qui campoit au flanc droit, passa la Jausse, ou petite Geete avant la cavalerie, & plaça deux cens hommes de pied dans la colonne de bagages de l'aîle droite. Cinquante autres fantassins au village de Houten, & trente au petit bois entre Houten & Montenaken couvrirent la gauche de la marche.

On posta cent chevaux entre le ruisseau de Landen & la Jausse, deux cens autres sur la hauteur entre Montenaken & Houten, & le Régiment du Colonel-Général Dragons mit deux escadrons à la tête des Gardes du Roi, outre deux à la tête de la Brigade de Rottembourg. Les deux autres Régimens de Dragons demeurerent au flanc droit du camp, & servirent à faire l'arrière-garde avec les vieilles Gardes. Le Régiment d'Asfeldt posa aussi un escadron à la tête de chaque colonne de cavalerie de la gauche; les deux autres formerent l'arrière-garde de la gauche conjointement avec les vieilles Gardes.

Avant la générale, on envoia à chaque pont un escadron & cent hommes d'infanterie pour marcher à la tête des colonnes de bagages, qui se mirent en marche à l'assemblée.

Les postes, qui étoient dans les derrières du camp, n'en partirent que pour joindre l'arrière-garde des colon-

1693 JUILLET. lonnes. Ceux, établis à la tête, rentrerent dans le camp à la générale.

Les escadrons de Dragons, qui faisoient l'arrière-garde, envoierent, à la générale, cent Dragons à Tirlemont. Ils y demeurerent jusqu'à ce que les deux escadrons se missent en marche pour aller au camp. Les deux escadrons de la gauche firent la même chose au pont de Judoigne, & eurent soin de rompre celui de Lumay.

Le campement s'assembla à la générale ; celui de la gauche à la tête du Mestre-de-Camp, lequel prit le chemin de Hannuye, où il attendit ses ordres ; celui de la droite, à la tête de la Brigade de Bourbonnois, au-delà du quartier général.

Six cens hommes furent commandés pour le campement, dont trois cens se trouverent à la tête de Bourbonnois, & les trois cens autres à la tête du Mestre-de-Camp.

Tous les bagages passerent devant les troupes, & marcherent à l'assemblée.

L'armée eut sa droite à Selle, sa gauche à Avesnes, & le quartier général à Waleff-Saint-George, derrière la droite.

Le 19. l'armée marcha à Vignamont.

Marche de Waleff à Vignamont.

La marche se fit sur dix colonnes ; le boute-selle & la générale à la pointe du jour ; à cheval & l'assemblée une heure après.

L'aîle gauche de cavalerie forma les deux colonnes de la droite : elle défila par sa gauche ; la première ligne eut celle de la droite. Ces colonnes marcherent toujours

en

DE FLANDRE. 65

en se côtoiant. Elles laisserent Breff à droite, l'arbre de Hosdin & celui de Tourine à gauche, passerent ensuite à vieux Waleff, & continuant leur marche entre Vaux & la tombe, qu'elles tinrent à deux cens pas sur leur gauche, elles allerent sur la bruyère de Warmont, d'où, la tombe de la Bourlotte à gauche, elles arriverent aux tombes de Warmont, & dans la plaine du camp.

La troisième colonne fut pour les menus bagages de l'aîle gauche de cavalerie & d'infanterie, lesquels coulerent le long de la cavalerie pour gagner l'arbre de Tourine & la tombe de Vaux. De là, laissant Borsée & la tombe de la Bourlotte à gauche, ils entrerent dans la plaine du camp.

La quatrième & la cinquième colonnes furent pour l'aîle gauche d'infanterie, qui défila par la gauche; la première ligne eut la colonne de la droite. Ces deux colonnes se côtoierent dans leur marche, passerent auprès de Tourine, qu'elles laisserent à gauche pour venir à Borsée, qu'elles tinrent à droite, & marchant fort près des hayes de ce village, elles allerent à la tombe de la Bourlotte, & de là à Warmont, où fut leur camp.

La sixième & la septième colonnes furent pour l'aîle droite d'infanterie, laquelle défila par sa droite; la première ligne eut la colonne de la gauche. Ces deux colonnes prirent leur marche entre Tourine & Waleff-Saint-Pierre, passerent à Eneff qu'elles laisserent à gauche, coulerent le long des hayes, mirent les autres colonnes d'infanterie à leur droite pour arriver à Chapon-Seré, & marcherent par la gauche de ce village à Vignamont, où fut leur camp.

Tome IV.   I   La

La huitième colonne fut pour les menus bagages de l'aîle droite de cavalerie & d'infanterie. Cette colonne rasa les hayes des deux Waleff, laissa Eneff & Chapon-Seré à droite, coula le long des hayes de ce village pour aller entre Vignamont & Viler, où elle se trouva dans le camp.

La neuvième & la dixième colonnes furent pour l'aîle droite de cavalerie, qui défila par sa droite, la première ligne eut la colonne de la gauche. Ces deux colonnes, en se côtoiant, passerent entre Waleff & Selle pour aller entre Eneff & Seré-le-Château, qu'elles laisserent à gauche, ainsi que la cense de Quiviétry, d'où elles se rendirent à Viler, où fut leur camp.

L'artillerie, qui s'étoit avancée à Borsée, se mit en marche dès l'aube du jour, marcha toujours en plaine, & alla parquer en-deçà de Vignamont.

Les vieilles Gardes firent à l'ordinaire l'arriere-garde des colonnes.

L'armée appuïa sa droite à Fisse-Fontaine, & étendit sa gauche vers la Mehaigne, aiant Famelet derrière elle, & le quartier général à Vignamont.

Avant le départ de l'armée du Roi pour Heylissem, M. d'Artaignan avoit été envoié à Namur pour se concerter avec M. de Guiscard sur les préparatifs que requéroit le siége de Huy. Ils avoient ordre de faire descendre des batteaux de Namur, & d'établir des ponts sur la haute Meuse dans les endroits qu'ils croiroient les plus commodes, afin que les détachemens, à mesure qu'ils arri-

arriveroient sur cette rivière, pussent la passer & former l'investissement de la place.

M. d'Harcourt, qui avoit ordre du Roi de joindre l'armée devant Huy, occupa avec ses troupes la plaine entre la basse Meuse & l'Oyoul. D'un côté il gardoit les ponts, construits sur la Meuse, pendant que M. de Bezons, avec la réserve & quelques bataillons, campoit de l'autre pour les assûrer. M. de Guiscard, suivi des troupes qu'il avoit reçues de l'armée, passa l'Oyoul & alla se poster dans les plaines du Sart, entre cette petite rivière & le Corps que commandoit M. d'Harcourt. Enfin M. le Maréchal de Villeroy, en partant du camp de Waleff, étoit venu avec un gros détachement passer la Meuse sur un pont un peu au-dessus d'Ahin, & occupoit le terrein entre la haute Meuse & l'Oyoul.

Toute la journée du 20. Juillet fut emploiée à faire les communications, à reconnoître la place, à débarquer l'artillerie qui avoit descendu la Meuse, & à disposer tout ce qui étoit nécessaire pour se rendre maître de Huy. Le même jour on travailla à élever des batteries contre le Château. Le 21. les troupes du Roi s'emparerent de la Ville, & le soir on ouvrit la tranchée du côté de la haute Meuse, pour attaquer tout à la fois le Fort Picard & le Château. Le premier se rendit le 22. L'Officier, qui y commandoit, aiant demandé à capituler, on voulut l'obliger d'entrer dans le Château; mais comme on refusa de l'y recevoir, il se rendit à discrétion. Il y avoit dans ce Fort environ trois cens hommes, qui furent conduits à Namur. Le même jour l'ar-

1693.
JUIL-
LET.

tillerie commença à tonner contre le Château, qui se rendit le 23. par la crainte que les souterreins, qui étoient en assez mauvais état, ne fussent détruits par les bombes & n'ensevelissent la garnison sous leurs ruines. On accorda les honneurs de la guerre aux troupes qui le défendoient; elles se retirerent le 24. à Liége par eau.

Dans le tems que l'armée du Roi marchoit à Huy, le Prince d'Orange avoit passé la Geete, afin d'observer de plus près ses démarches, & de renforcer, en cas de besoin, les troupes qu'il avoit dans Liége. Il étoit venu asseoir son camp le long du ruisseau qui prend sa source à Cortis & à Niel, aiant Saint-Tron à la tête, & sa droite, étendue un peu au-delà du village de Wellem. La prise de Huy avoit jetté la consternation dans Liége, & le 24. au matin il y avoit eu une émotion considérable dans cette ville, où tout le monde desiroit la neutralité. M. de Luxembourg résolut de profiter de la conjoncture, persuadé qu'il lui étoit avantageux de se mettre entre cette place & l'armée des Alliés. Afin d'exécuter ce dessein, sans trop s'éloigner de Huy, il jetta les yeux sur Lesky, ou Hellich, & y mena l'armée le 25.

Marche de Vignamont à Lesky.

La marche se fit sur huit colonnes. Le boute-selle & la générale à la pointe du jour; à cheval & l'assemblée une heure après.

L'aîle droite de cavalerie forma deux colonnes. Chaque ligne défila par la droite, & fut suivie de ses bagages.

La seconde ligne eut la colonne de la droite, & la première celle de la gauche. Ces deux colonnes se côtoitoierent, laisserent Fisse-Fontaine à droite, passerent auprès de Boignie, & tenant ce village à droite & Bersut à gauche, elles allerent au moulin de Warfusée. De là elles prirent à la droite de Dammartin sur Horion, qu'elles mirent du même côté, & arriverent au château de Lesky, où fut leur camp.

La troisième colonne fut pour l'artillerie & pour les bagages de l'aîle droite d'infanterie, lesquels, laissant la cavalerie à leur droite, marcherent entre Bersut & Velesne pour arriver à l'arbre de Horion, où ils se trouverent dans le camp.

La quatrième & la cinquième colonnes furent pour les deux lignes d'infanterie, lesquelles défilerent par leur droite; la seconde ligne eut celle de la droite. Ces deux colonnes allerent, en se côtoiant, à travers champs près de la cense de Quiviétry, d'où celle de la droite passa à la cense d'Ostange, & celle de la gauche à la cense d'Odoumont. Elles marcherent ensuite par les terres pour se rendre à la hauteur de Geneff, où fut leur camp.

La sixième colonne fut pour les bagages de l'aîle gauche d'infanterie & de cavalerie. Cette colonne prit entre Chapon-Seré & la cense de Quiviétry pour gagner Eneff, d'où elle continua sa marche à travers champs entre Geneff & Remicourt, où fut son camp.

La septième & la huitième colonnes furent pour l'aîle gauche de cavalerie. Chaque ligne marcha à colonne renversée; la seconde ligne fit celle de la droite. Ces deux colonnes se côtoierent, passerent auprès de la tombe de la Bourlotte, de là entre Eneff & Chapon-Seré. Laissant ensuite Voumer ou Vreme à gauche, & l'infanterie à droite, elles allerent paſſer la ravine, la colonne de la droite à Donſel, & celle de la gauche à Lumon, d'où elles ſe rendirent à travers champs à la hauteur d'Atroville, où étoit leur camp.

Il y eut deux cens hommes de pied dans chaque colonne de bagages, les vieilles gardes faiſant à l'ordinaire l'arrière-garde des colonnes de bagages & d'infanterie.

A la générale, le campement s'aſſembla à la tête des Gardes du Roi.

On envoia à minuit deux cens chevaux ſur le chemin de Horion à Liége, afin d'être averti de ce qui ſortiroit de cette place.

On détacha à la même heure un parti de cinquante Maîtres du côté de la tombe d'Avernas, & un de cent au moulin de Covarem, pour obſerver ce qui viendroit du côté de l'armée des Alliés.

L'armée Françoiſe eut ſa gauche à Lamin, & ſa droite au-delà de Fontaine, la ligne faiſant un coude près de Geneff. Le quartier général fut à Lesky.

En même tems que l'armée du Roi marchoit à Lesky, le Prince d'Orange ſe diſpoſoit à avancer la ſienne à Tongres. On préſuma qu'il viendroit y camper, d'autant plus qu'il y avoit envoié les détachemens néceſſaires pour le campement; mais ſur la nouvelle de la marche de l'armée du Roi, il les fit revenir à moitié chemin de ſon camp, d'où il les renvoia encore à Tongres. Pendant ces mouvemens, l'Electeur de Bavière s'étoit poſté ſur une hauteur, d'où il découvroit la tête de l'armée Françoiſe. Néanmoins celle des Alliés retourtourna sur ses pas, & au-lieu de se porter vers Tongres, elle s'en fut camper entre une des Geetes & le ruisseau de Landen. L'Electeur de Bavière prit son quartier à Wange, & le Prince d'Orange à Neer-Espen.

1693. JUILLET.

Le 26. M. de Luxembourg alla de grand matin reconnoître le camp retranché de Liége. Après l'avoir bien examiné, il jugea qu'on pourroit le forcer; mais non sans qu'il en coûtât beaucoup de monde, & sans risquer de perdre, peut-être fort inutilement, l'élite de son infanterie. Le terrein en avant des retranchemens étoit coupé de grosses hayes, à travers desquelles il eût fallu ouvrir des passages sous le feu des ennemis. On n'étoit pas même bien certain si, en s'emparant des retranchemens, on causeroit aux ennemis une perte égale à celle qu'on auroit à souffrir, puisqu'à mesure qu'ils se verroient forcés en quelque endroit, ils pouvoient se retirer promptement dans la ville. Leur camp retranché étoit partagé par un ravin, qui le coupoit en deux; de sorte qu'étant maître d'une partie, on ne pouvoit guères nuire aux troupes qui défendoient l'autre. Il étoit encore à craindre qu'après avoir perdu la meilleure infanterie à l'attaque de ces retranchemens, le Prince d'Orange ne s'avisât de combattre l'armée du Roi dans un terrein, où la cavalerie n'eût pû seule décider du sort d'une bataille. Toutes ces raisons porterent M. de Luxembourg à croire qu'en attaquant ces retranchemens, on ne rempliroit pas les vûes que l'on avoit de remporter sur les ennemis un avantage où ils souffrissent plus que les troupes du Roi, & de les obliger par ce moïen de rappeller celles

les qu'ils avoient envoiées pour forcer les Lignes d'Espierre.

Le détachement des ennemis, sous les ordres du Prince de Wirtemberg, aiant été joint par des troupes tirées des garnisons de Gand & d'Oudenarde, avoit attaqué ces Lignes le 18. après-midi. Fort supérieur en nombre, ce Prince avoit formé plusieurs attaques; ce qui avoit contraint M. de la Valette de partager ses troupes en plusieurs Corps pour lui résister en différens endroits. Malgré le feu de l'artillerie, qui secondoit leurs efforts, ils éprouverent beaucoup de résistance, jusqu'à ce que leur infanterie, formée en-dedans des Lignes, y donna entrée à leur cavalerie. Il n'y eut plus moïen de tenir contre la force: les troupes Françoises abandonnerent les Lignes; & le poste de Moucron, défendu par dix-huit cens hommes d'infanterie & par huit escadrons, subit le même fort. M. de la Valette, craignant que les partis ennemis ne traversassent la Lys, envoia à Comines une partie de son monde leur en barrer le passage. Il se retira avec le reste à Hautbourdin sur la Deule, après avoir repassé la Marque en bon ordre. Là il borna toute son attention à empêcher les ennemis d'étendre les contributions qu'ils tâchoient d'imposer aux Sujets du Roi.

M. de Luxembourg, instruit de ce qui se passoit aux Lignes, s'occupoit des moïens de forcer le Prince de Wirtemberg à rejoindre l'armée des Alliés; aussi ne s'étoit-il approché de Liége que dans cette vûe. Le Roi auroit voulu que M. le Maréchal de Joyeuse marchât au secours de M. de la Valette avec un détachement pro-

DE FLANDRE. 73

proportionné à celui des ennemis; mais seulement a- 1693. près avoir remporté sur les Alliés quelque avantage qui JUIL- les empêchât de prendre la supériorité de la campagne. LET. Ces différens objets ne laissoient que deux partis à prendre, ou d'attaquer Liége, ou de combattre le Prince d'Orange. On a vû le peu de fruit que produiroit l'attaque des retranchemens de cette place, & le mauvais traitement que pourroit y essuyer l'infanterie Françoise. On doit ajouter que le Prince d'Orange y avoit renvoié le 26. les dix bataillons qu'il en avoit tirés, avec deux escadrons de plus; que des postes, établis dans la ville, empêchoient le peuple de s'assembler, & qu'en un mot on ne pouvoit plus compter sur une révolution. Il étoit naturel de croire que si M. de Luxembourg restoit dans sa position actuelle, & détachoit M. le Maréchal de Joyeuse avec un Corps de troupes proportionné à celui que les ennemis avoient envoié contre les Lignes d'Espierre, le Prince d'Orange rappelleroit le Prince de Wirtemberg dès l'arrivée de M. le Maréchal de Joyeuse sur l'Escaut, & que par la jonction de l'armée des Alliés avec ce Corps de troupes, qui auroit eu moins de chemin à faire, elle deviendroit fort supérieure à celle du Roi. Il étoit encore apparent que si M. de Luxembourg, en détachant M. le Maréchal de Joyeuse, prenoit le parti de se rapprocher de Huy, le Prince d'Orange se feroit joindre par vingt-cinq bataillons des troupes de Liége, & que trouvant l'armée du Roi diminuée par le détachement qui marcheroit sur l'Escaut, il la combattroit avec beaucoup d'avantage.

Quoique le Prince d'Orange se fût affoibli lui-même

1693.
JUILLET

en détachant de son armée les troupes nouvellement entrées dans Liége, quoiqu'encore M. de Luxembourg sût que ce Prince campoit dans un terrein où son aîle gauche ne pouvoit que lui être inutile ; néanmoins il consulta la prudence. Il fit réflexion qu'il ne l'attendroit pas dans cette position, & que ses mouvemens pour repasser la Geete pourroient donner prise sur lui. Vis-à-vis du camp des ennemis couloit un ruisseau, par la source duquel M. de Luxembourg se proposa de marcher à eux la nuit du 27. au 28. avec toute sa cavalerie & ses Dragons, de les harceler dans leur retraite s'ils en prenoient le parti, & de se faire suivre par son infanterie, en cas qu'ils tinssent ferme dans leur poste. Comme il avisoit encore au moïen de retenir le Prince d'Orange en-deçà de la Geete, & qu'en cela il ne pouvoit mieux réussir qu'en lui donnant de l'inquiétude pour Liége, les troupes du Roi eurent ordre de faire trois cens fascines par bataillon.

Deux partis, qu'on avoit sur les ennemis, rapporterent que le 27. après-midi ils s'étoient mis en marche pour Tirlemont ; ce qui déconcertoit tous les desseins formés contre eux. Cet avis & la pluie continuelle, pendant la nuit précédente & toute la journée du 27., empêcherent M. de Luxembourg d'exécuter sa résolution au tems fixé ; mais aiant appris par un troisième partisan que les deux autres avoient interpreté la marche d'une grosse escorte de fourrage pour celle de toute l'armée des Alliés, il reprit le dessein de marcher à eux le lendemain matin.

Le 27. à minuit il envoia M. le Maréchal de Joyeuse cam-

camper à la tombe d'Aveines avec quatorze bataillons & dix-sept escadrons, faisant courir le bruit que ce Corps marchoit au secours de M. de la Valette. L'armée décampa le 28. à la pointe du jour, pour passer le Jaar & s'avancer sur les ennemis.

Cette marche se fit sur sept colonnes ; le boute-selle & la générale au petit jour. L'aîle gauche de cavalerie forma les deux colonnes de la droite : chaque ligne eut sa colonne & défila par sa gauche.

<small>Marche de Lesky à Landen.</small>

La première ligne passa au pont de Lamin & au gué d'Atroville ; la seconde au pont de Remicourt. Le ruisseau passé, ces colonnes se côtoïerent. Celle, formée par la première ligne, se porta à Warem ; l'autre à Longchamp & à Corswarem, en tenant toujours l'infanterie à gauche. Lorsque ces deux colonnes furent dans la plaine, elles doublerent, en attendant des ordres. Les bagages de cette aîle suivirent la colonne de leurs troupes dans l'ordre de leur marche.

L'infanterie marcha sur deux colonnes : chaque ligne forma la sienne, & défila par sa gauche. Piémont eut la tête de celle de la droite, & Orléans la tête de celle de la gauche. Les Brigades de Navarre, Bourbonnois & Crussol prirent la queuë de la seconde ligne, & marcherent après Anjou.

Ces deux colonnes passerent le ruisseau ; la première ligne à Lumon & à Stry, la seconde à Donsel & à Eneff. Aiant traversé ces ponts, les deux colonnes se côtoïerent, & laisserent Waleff à gauche pour aller passer le Jaar ; celle de la droite au grand, & au petit Ha-

1693.
JUIL-
LET.

Hache, celle de la gauche à Holonne & à Jart. Arrivées dans la plaine, elles reçurent l'ordre de ce qu'elles devoient faire. On eut soin de mettre des travailleurs à la tête de ces colonnes, & on ordonna à cinquante Maîtres de marcher à la tête de chaque ligne d'infanterie. Les bagages de chaque ligne suivirent la colonne de leurs troupes, & firent leur marche dans le même ordre. Chaque Brigade y laissa cinquante hommes d'escorte.

La cinquième colonne fut pour l'artillerie, qui, partant de son parc, alla passer à la cense d'Odoumont, laissa Seré-le-Château à droite pour arriver à la cense de Quiviétry, ensuite à Tourine. De là elle continua à marcher entre Lens-les-Beguines & Blehen, & gagna la tête du Jaar, où elle doubla jusqu'à nouvel ordre. Cinquante Maîtres précéderent sa marche.

L'aîle droite de cavalerie, qui fit la sixième & la septième colonnes, marcha à colonne renversée, la première ligne eut celle de la droite. Ces deux colonnes firent toujours route ensemble & à même hauteur. La première ligne laissa le quartier général à gauche, & toutes deux, tenant Horion du même côté, allerent gagner le moulin à vent de Warfusée. Ensuite aiant Bersut, Seré-le-Château, la cense de Quiviétry avec l'artillerie à leur droite, & le village de Boignie à leur gauche, elles vinrent d'entre Chapon-Seré & Borset à la tombe de Vaux & à celle d'Aveines, d'où, l'artillerie à leur droite, elles se rendirent dans la plaine en-deçà de Blehen, & y reçurent les ordres de ce qu'elles devoient faire.

Les bagages de la première ligne de cette aîle s'assembleblerent à la tête de la Brigade de Dalou ; ceux de la seconde ligne derrière la Brigade de Rottembourg, à dessein de suivre la marche de leurs troupes. Une partie de celles de M. d'Harcourt & les vieilles Gardes firent l'arrière-garde de l'armée.

1693.
JUILLET.

Toutes les troupes aiant eu ordre d'avancer dans la plaine de Landenfermé, les deux colonnes de la droite poursuivirent leur marche à côté l'une de l'autre. Du moulin de Corswarem elles allerent à Courtis, ensuite à Montenaken, coulerent le long de Houten, puis laissant ce village à gauche & la tombe de Step à droite, elles arriverent à hauteur de Wamont, où elles reçurent de nouveaux ordres.

Les deux colonnes d'infanterie continuerent de marcher côte à côte. Elles mirent Cortis à droite & le moulin de Troigny à gauche pour passer près d'Avernas, d'où, tenant ce village du même côté & la tombe de Step de l'autre, elles pousserent jusqu'à la hauteur de Wamont, où elles doublerent & reçurent de nouveaux ordres.

L'artillerie reprit & dirigea sa marche droit à Avernas, passa près de la tombe, la mit à sa gauche, & lorsqu'elle fut parvenue à la hauteur de Wamont, elle y reçut l'ordre de ce qu'elle devoit faire.

La sixième & la septième colonnes continuerent leur route, en se côtoïant l'une & l'autre. Elles allerent passer près de Blehen, qu'elles laisserent à droite pour gagner la tombe d'Avernas, d'où elles prirent à travers champs entre Linsmeau & Wamont, où elles reçurent de nouveaux ordres.

M. de Luxembourg, qui s'attendoit que les Alliés leveroient leur camp à son approche, apprit, chemin faisant, qu'ils ne songeoient à rien moins qu'à se retirer. Il n'avoit compté employer contre eux dans leur retraite que sa cavalerie & ses Dragons, il eut besoin de son infanterie, qui à tout évenement étoit venue camper sur le Jaar. Il lui envoia ordre de le suivre, & manda à M. le Maréchal de Joyeuse de le joindre avec celles qu'il avoit sous sous commandement. Cependant il arriva, vers les quatre heures après-midi, dans la plaine de Landenfermé, où, pour s'assûrer du terrein, il fit occuper par des Dragons le village & celui de Sainte-Gertrude. L'infanterie marcha avec plus de lenteur, à cause du mauvais tems qui dura une grande partie de la journée; elle fut encore arrêtée par un changement de la disposition des troupes dans la marche. Quelques-uns des plus anciens Régimens, aiant la queuë des colonnes & sachant qu'ils alloient aux ennemis, prétendirent avoir la tête des colonnes après le passage du Jaar. Les Officiers-Généraux, qui menoient ces colonnes, cédérent à la volonté & à l'empressement que marquoient les troupes. Ils leur permirent de prendre leur ordre de marche suivant l'ancienneté des Brigades; ce qui causa un retardement considérable.

A peine l'armée du Roi eut mis le pied au-delà du Jaar, que le Prince d'Orange & l'Electeur de Bavière monterent à cheval pour la reconnoître. Ils avoient une Grand-garde sur la hauteur entre les villages de Neerwinde & de Rumsdorp. Le Prince d'Orange se hâta de la renforcer par une partie de la cavalerie de sa droi-

droite, & s'y rendit lui-même. Il y fut joint par le Prince d'Hannovre & par les Députés des Etats-Généraux. Après avoir reconnu de là que c'étoit toute l'armée du Roi, il envoia ordre à la sienne de prendre les armes.

1693.
JUILLET.

Aux approches des troupes Françoises, les Généraux des Alliés se partagerent en différens avis. D'un côté les Députés des Etats-Généraux insisterent sur le parti de se retirer au-delà de la Geete; ils vouloient même qu'on profitât de la nuit pour repasser cette rivière. D'un autre côté le Prince d'Orange, qui dans sa position se promettoit beaucoup de succès d'une bataille, leur représenta qu'il n'y avoit que sept ponts sur la Geete, & que la retraite de l'armée ne pouvoit se faire à la barbe de celle du Roi, sans risquer une grande partie des troupes, ou du moins sans exposer une forte arrière-garde à être taillée en pièces. Il ajouta que pour l'artillerie & les bagages, il faudroit les mettre en marche avant la nuit; ce qui seroit difficile, tous les chevaux étant à la pâture, & dispersés dans les prairies. Enfin il les assûra qu'il sauroit si bien retrancher son armée, que la cavalerie Françoise n'auroit aucune part au combat; ce qu'il leur fit envisager comme une marque certaine de la victoire. En même tems il ordonna qu'on établît plusieurs ponts sur la Geete, par où défilerent tous les équipages, pour aller, sous l'escorte de quelques escadrons, joindre les gros bagages qui étoient à Diest. Quant au reste, il résolut de choisir un champ de bataille entre la Geete & le ruisseau de Landen.

L'Electeur de Bavière occupa avec l'aîle droite (A) le terrain depuis la Geete, aux environs du village d'Élixem,

1693.
JUIL-
LET.

xem, jusqu'auprès des hayes de Neerwinde; l'infanterie d'Hannovre & de Brandebourg, soutenue de trois bataillons Anglois, se posta dans celles du village de Laer, qui étoit à l'opposite de cette aîle; le gros de l'infanterie des Alliés (B) embrassa Neerwinde & s'étendit depuis là jusqu'au ruisseau de Landen; la gauche mit vis-à-vis d'elle le village de Rumsdorp, dont les hayes & celles de Neerlanden furent garnies de quelques bataillons (C), mêlés de détachemens d'infanterie; la cavalerie de l'aîle gauche des Alliés (D) se rangea en partie derrière le Corps de bataille, le reste formant un espèce de potence vers le village de Dormael, & présentant le front au ruisseau de Landen. Enfin le Prince d'Orange profita, autant qu'il put, de l'avantage du terrein. Il fit couper la plaine, depuis Neerwinde jusqu'à Neerlande, par un retranchement qui fut construit pendant la nuit, & laissa devant la gauche de son infanterie un chemin creux, derrière lequel on éleva un parapet pour tirer à couvert.

Plus M. de Luxembourg approchoit des ennemis, & plus il les voioit fermes à l'attendre; il résolut de leur livrer combat. Le 29. à la pointe du jour il se porta à leur droite & à leur gauche, dont il examina les dispositions. Il reconnut qu'au-lieu d'une plaine rase où la cavalerie auroit pû agir la veille entre Neerwinde & Rumsdorp, il falloit forcer un retranchement, rempli d'infanterie & hérissé de canons; qu'avant d'attaquer ce retranchement, il étoit nécessaire d'emporter Neerwinde, où une nombreuse infanterie pouvoit de divers côtés donner en flanc sur les troupes qui tenteroient de s'en saisir, & à

moins

moins qu'au préallable on ne se fût rendu maître du village de Laer, également muni d'infanterie, en vain on entameroit l'aîle droite des ennemis. M. de Luxembourg revint sur ses pas, & régla aussi-tôt son ordre de bataille suivant ce qu'il avoit remarqué.

1693. JUILLET.

Les troupes Françoises avoient passé la nuit entre le ruisseau de Landen & la Geete, vis-à-vis de Landen fermé & de Sainte-Gertrude. Ces deux villages, d'abord occupés par des Dragons, le furent ensuite par les premiers bataillons arrivés dès la veille. Ils étoient rangés sur onze lignes dans un terrein fort resserré (F), d'où ils marcherent aux lieux de leur destination pour faire les attaques.

A la droite, les Brigades de Navarre, Bourbonnois, Lyonnois, Anjou & Artois, avec les Régimens de Maulevrier, de Santerre & de Bugey, qui faisoient vingt-cinq bataillons, le tout aux ordres de M. le Prince de Conty, Lieutenant-Général, & de M. de Crequy, Maréchal-de-Camp, furent distribués sur plusieurs lignes (G), tant pour prendre poste au village de Rumsdorp & occuper la gauche de l'infanterie ennemie, que pour favoriser l'attaque des retranchemens. Les Dragons de Caylus, de Fimarçon, & les deux Régimens d'Asfeld (H), au nombre de seize escadrons, descendirent de cheval, & furent portés au-delà du ruisseau, afin de s'établir au village de Neerlanden, où ils tiendroient en échec l'aîle gauche des Alliés.

A la gauche, les Brigades de Reynold, Greder Suisse, Piémont, le Roi, Orléans, outre les Régimens de Thiange, Greder Allemand & Crussol, faisant vingt-neuf

Tome IV. L

1693
JUIL-
LET.

neuf bataillons (I) sous la conduite de MM. de Ruban-tel, Montchevreuil & Berwick, Lieutenans-Généraux, de Mylord Lucan & de M. de Bressey, Maréchaux-de-Camp, furent placés à Hautewinde sur une seule ligne en front des villages de Laer & de Neerwinde, qu'ils devoient attaquer en même tems qu'ils enleveroient aux ennemis les hayes entre ces deux postes. Les Régimens d'Arbouville, Soissonnois & de Grandpré, en deuxième ligne (K) derrière ces troupes, avoient à donner du secours où il seroit nécessaire, pendant que les Dragons du Colonel-Général soutiendroient à pied la gauche de l'attaque. A dos de cette infanterie étoient en bataille sur deux lignes (L) les Brigades de cavalerie de Montrevel, Massot, la Bessiere & la réserve, lesquelles, sous le commandement de M. le Maréchal de Joyeuse, de M. de Ximenès, Lieutenant-Général, & de MM. de Pracontal & de Bezons, Maréchaux-de-Camp, devoient choquer l'aîle droite des Alliés au même instant qu'elles verroient jour à se former au-delà des hayes qui leur servoient d'abri.

Au centre, le reste de l'armée du Roi, sur huit lignes (M), fut destinée à pénétrer dans les retranchemens au premier succès de l'attaque des villages. La Maison du Roi, avec M. le Duc de Chartres à sa tête, étoit à la droite, la Brigade de Phélippeaux à la gauche de la première & de la troisième lignes, toutes deux composées de cavalerie, & commandées par M. le Maréchal de Villeroy, aiant sous lui MM. de Rosen & de Feuquières. La seconde ligne de onze bataillons de la Brigade des Gardes & de celle de Guiche, la quatriètrième de vingt-&-un bataillons du reste de l'infanterie, de même que la cavalerie, en quoi consistoient les quatre autres lignes, devoient assaillir les retranchemens de Neerwinde & de Rumsdorp, & se former dans la plaine aussi-tôt que l'infanterie, à qui il appartenoit d'attaquer Laer & Neerwinde, se seroit emparée de ces deux villages. Quant à l'artillerie (N), elle fut partagée devant la première ligne, tant dans la plaine que contre les villages de la droite & de la gauche.

1693. JUILLET.

Toutes ces dispositions se trouvant achevées vers les huit heures du matin, quatre-vingt-dix bouches à feu, avantageusement pointées, commencerent à tirer sur les troupes du Roi aussi-tôt qu'elles se furent mises à portée de leurs coups. L'artillerie Françoise, qui ne consistoit qu'en soixante-&-dix piéces de canon, répondit à celle des Alliés, jusqu'à ce qu'après quelques décharges contre les villages de Laer & de Neerwinde, l'infanterie de l'armée du Roi s'ébranla pour attaquer ces postes. Elle essuia le feu des ennnemis, entra dans Neerwinde par la tête du village, & emporta celui de Laer, dont elle chassa jusqu'au dernier homme. Il n'en étoit pas de même à l'attaque de Neerwinde, où les coupures en différens endroits & les retranchemens, multipliés les uns derrière les autres, formoient autant de barrières à forcer contre des troupes fraîches, qui, à cause de la contiguïté du village & de la ligne des ennemis, se succédoient continuellement, se rallioient & revenoient à la charge. Les Régimens d'Arbouville, de Soissonnois & de Grandpré y marcherent pour renforcer les Brigades qui avoient les premières attaqué le village.

Bataille de Neerwinde.

L 2　　　　　　　　　　Plus

1693.
JUIL-
LET.

Plus ces Brigades avoient trouvé de résistance, & plus elles avoient resserré leur front; de sorte que lorsqu'elles parvinrent aux derniers retranchemens des ennemis, elles n'occuperent le village que par des têtes de troupes (A), sans aucune communication entre elles. Les ennemis au contraire en tenoient tout le travers. Ils déplacerent du retranchement entre Neerwinde & Rumsdorp plusieurs bataillons, qu'ils joignirent à ceux qui avoient combattu, & chasserent du village toute l'infanterie Françoise. Celle, qui avoit gagné le poste de Laer, fut obligée de l'abandonner aux troupes ralliées d'Hannovre & de Brandebourg, soutenues par les bataillons du derriere du village & par quelques autres des retranchemens de la plaine. Enfin les choses se retrouverent dans le même état où elles étoient au commencement de l'action.

M. de Bezons, qui au moment de la prise de Laer, avoit eu ordre de passer avec sa réserve (C) sur la gauche du poste, forma quelques escadrons dans la plaine, & poussa une partie de la premiere ligne de cavalerie de l'aîle droite des Alliés; mais à la reprise du village par les ennemis, il se vit contraint, attaqué de front & en flanc, de se retirer en desordre (D) sur la cavalerie qui devoit le suivre.

Quelque infructueuse que fût jusqu'ici l'attaque des deux villages (E), quelque douteuse que parût d'ailleurs la réussite d'une nouvelle; néanmoins comme le moïen de vaincre dépendoit de la nécessité de se saisir de Neerwinde & de Laer, M. de Luxembourg s'opiniâtra à en déloger les ennemis. Il rallia ses troupes repouspoussées, les joignit aux Brigades de Guiche & de Stoppa (F), détacha ces douze bataillons sous les ordres de M. le Duc, & tenta une seconde fois la fortune.

Le commencement de cette attaque fut aussi heureux que celui de la première. On chassa les ennemis de tout le village de Laer, on pénétra successivement jusqu'aux derniers retranchemens de celui de Neerwinde. Le Prince d'Orange, qui connoissoit l'importance de ce poste, fit ce qu'il avoit déjà fait, il tira des retranchemens une partie de l'infanterie pour le reprendre. Il s'en étoit conservé quelques hayes, à la faveur desquelles cette infanterie s'approcha fort près des troupes du Roi. Celles-ci n'en étoient venues si loin, qu'après avoir été tenues en haleine par une résistance, qui donna lieu à une mêlée aussi vive & aussi opiniâtre que meurtrière. L'infanterie des Alliés, mieux armée pour se battre à coups de feu, avoit encore un autre avantage. Il consistoit en ce que l'infanterie Françoise n'avoit point occupé en entier le travers du village, ne s'étant pas même avisée d'abattre les hayes & les petits murs qui l'empêchoient de se communiquer & de former un front. Il arriva de là que comme elle ne pouvoit agir à forces conjointes, celle des Alliés vint à bout, en la repoussant en détail, de se rétablir une seconde fois dans Laer & Neerwinde. Néanmoins ces deux villages ne furent pas tellement regagnés par les ennemis, que les troupes du Roi n'y eussent encore du terrein à leur disputer. Elles en conservèrent une partie, & se maintinrent dans les dernières hayes.

Pendant ce tems-là, le centre de l'armée Françoise étoit soumis dans l'inaction au feu de l'artillerie ennemie,

mie, dont la cavalerie souffrit beaucoup, n'aiant fait d'autre mouvement que de s'approcher de plus près des retranchemens.

M. de Luxembourg, fort attentif aux attaques des deux villages, ne le fut pas moins aux évenemens qui se passerent à la droite.

Dans le premier mauvais succès des efforts de l'infanterie contre Neerwinde, les Dragons, qui étoient à l'extrémité de la droite au-delà du ruisseau de Landen, se jetterent sur Neerlanden, où ils mirent les ennemis en fuite. Quelques bataillons s'avancerent dans les hayes de Rumsdorp pour protéger les Dragons; mais les uns & les autres poufferent si loin, que les Brigades entières, marchant à dessein de soutenir les bataillons, allerent donner derrière ce village dans un retranchement des Alliés, dont l'infanterie avoit le front couvert d'un ravin considérable. Malgré le peu d'envie qu'on eût de le passer, l'infanterie Françoise ne s'en approcha qu'en faisant des pertes qui la mirent dans un étrange desordre (H), mais si convenable aux ennemis, qu'ils rentrerent dans les hayes, qui leur étoient fort avantageuses.

Mr. de Luxembourg travailloit à sa gauche à renouveller l'attaque, lorsqu'il fut informé de ce qui se passoit à sa droite. Il y courut, rallia les troupes (E), auxquelles il prescrivit des ordres, & revint au-plûtôt à la gauche, où peu s'en falloit que l'infanterie (C) ne fût encore toute chassée de Neerwinde. Deux malheureuses attaques n'étoient pas capables de le rebuter, elles ne servirent qu'à l'animer de plus en plus à enlever

ver ce poste, sans lequel il ne pouvoit esperer de mettre sa cavalerie en état d'agir & de terminer cette journée avec gloire. Il fit marcher contre les villages de Neerwinde & de Laer le reste de la quatrième ligne (F), consistant en treize bataillons, ordonna à la Brigade des Gardes (F), aux Gardes Suisses & aux Gardes Françoises; les premières d'attaquer les retranchemens de la plaine, les secondes d'en forcer un autre, & les troisièmes d'assaillir le village de Neerwinde. Il plaça M. le Duc de Chartres avec la Maison du Roi (G), M. le Maréchal de Villeroy avec la Brigade de Phélippeaux (G), & M. de Rosen à portée d'entrer dans les retranchemens voisins du village, aussitôt après que l'infanterie s'en seroit rendue maitresse. Il commanda à M. de Feuquières de mener aux retranchemens de la plaine une partie de l'infanterie de la droite, & d'essayer d'y former les Brigades de cavalerie (H) qu'il avoit de reste.

Il étoit environ midi, lorsque Mr. de Luxembourg fit ces dispositions. Enfin il rallia & remit en bon ordre une partie de l'infanterie qui avoit été repoussée aux deux premières attaques, laquelle il enjoignit à la réserve & à la cavalerie de la gauche (I) de suivre de près, de pénétrer par les chemins creux, & de s'ouvrir des passages par-tout où elles verroient jour à pouvoir foncer sur l'aîle droite des ennemis. A cette cavalerie il joignit encore les troupes de M. d' Harcourt (K), qui venoient d'arriver.

Le Prince d'Orange, aiant vû la Maison du Roi, la Brigade de Phélippeaux & l'infanterie Françoise sortir
d'en-

d'entre Rumsdorp & Hautewinde, marchant de là contre sa droite (D) & contre les villages, retira des retranchemens de la plaine l'infanterie, qu'il porta de ces côtés-là. En même tems il mit en bataille derrière sa droite la cavalerie de sa gauche, faisant un coude (F), dont la droite aboutissoit au village de Wange, & dont la gauche s'étendoit jusque vers le milieu du retranchement.

M. de Feuquières, qui remarquoit le mouvement de l'infanterie & de la cavalerie de la gauche des ennemis, se donna le tems que ces troupes s'éloignassent. Lorsqu'il les crut hors de portée, il envoia M. de Crequy avec plusieurs bataillons, tirés des Brigades de la droite, pénétrer dans un endroit (G), qui n'étoit fermé que par des chariots mis en travers. M. de Feuquières le suivit, fit plier quelques escadrons qu'on lui opposa, & établit sa cavalerie (H) dans la plaine, au-delà du retranchement. Il en rangea une partie en bataille; mais de manière que faisant tête au village de Neerwinde, il pût prendre en flanc & à dos les troupes qui viendroient renforcer le village.

M. de Luxembourg eut aussitôt avis de l'état, où étoit sa droite, par M. de Feuquières, qui attendoit qu'il fît un effort à la gauche & au centre. Les Brigades d'infanterie s'ébranlerent pour attaquer les villages. Elles y entrerent avec moins de difficulté à la faveur des hayes dans lesquelles elles s'étoient maintenues jusqu'alors, chasserent pour la troisième fois les ennemis de ces postes, & formerent dans les dernières hayes un front (B) vis-à-vis de leur cavalerie.

En

En même tems les Gardes Suisses emporterent les retranchemens contigus à Neerwinde, & la Maison du Roi se hâta d'entrer dans la plaine, au-delà du retranchement. Les premiers escadrons, ne trouvant point d'espace où ils pussent se former sous le feu de cinq bataillons ennemis, en sortirent pour se rallier. Le Prince d'Orange voulut en profiter pour attaquer les Gardes Suisses en tête & en flanc; mais M. de Luxembourg fit marcher à leur droite les Gardes Françoises, qui les mirent à couvert. Ces deux Régimens (C) tinrent ferme devant l'infanterie & la cavalerie des ennemis, jusqu'à ce que les aiant repoussés, ils abattirent une partie des retranchemens & ouvrirent des passages à la Maison du Roi, qui y rentra aussi-tôt, & se rangea dans la plaine.

La cavalerie (I), protégée de l'infanterie qui s'étoit emparée de Laer & de Neerwinde, après avoir pénétré à la droite, à la gauche & entre ces deux villages, alla se mettre en rang vis-à-vis l'aîle droite des ennemis. Ceux-ci ne s'y opposerent pas; loin de là, ils négligerent de la charger pendant le tems, dont elle eut besoin pour se former. La cavalerie Hannovrienne, qui étoit à la premiere ligne de leur droite, fit même un mouvement en arriere; mouvement auquel les Alliés attribuerent les derniers malheurs du combat. L'occasion étoit trop favorable pour ne pas être mise à profit. La cavalerie Françoise saisit le moment, attaqua & fit plier tout ce qui se présenta devant elle.

En vain le Prince d'Orange & l'Electeur de Bavière espererent quelque ressource du feu d'autant de troupes qu'ils

1693.
JUILLET.

qu'ils purent mettre en ordre. Il ne s'agissoit plus de disputer la victoire après tant de succès pour & contre; elle s'étoit déclarée en faveur des armes du Roi. Le desordre & la confusion, où étoient la droite & le centre des Alliés, annonçoient leur défaite; ils la reconnurent, ils ne songerent plus qu'à céder le champ de bataille aux vainqueurs. La cavalerie, qu'ils avoient tirée de leur aile gauche, commença à s'alligner derrière la droite pour faciliter la retraite des deux Princes, & celle de l'infanterie qui défendoit la gauche des retranchemens. Cette infanterie (L), composée de neuf bataillons, fut suivie de fort près, & presque enveloppée de toutes parts par la cavalerie Françoise aux ordres de M. de Feuquières. Elle fit plusieurs décharges sur les escadrons qui la presserent trop vivement, & gagna, soutenue de douze à quinze escadrons des siens, les ponts sur la Geete, les plus voisins de Leeuwe. Les Brigades d'infanterie Françoise de la droite (M) ne purent l'approcher d'assez près dans la plaine à cause de la difficulté du terrein & des détachemens des ennemis placés dans les hayes du village de Rumsdorp; de sorte qu'elle se retira, sans être entamée.

Il se noya dans la Geete une grande quantité de troupes de la droite des vaincus; le reste se sauva en traversant cette rivière du côté de Neer-Espen (N). Une partie de leur armée se retira par Dormael (O), & s'en alla par la gauche de Leeuwe sur le Demer, au-delà duquel elle se rassembla près de Diest. Le Prince d'Orange & l'Electeur de Bavière rejoignirent quelques troupes qu'ils avoient placées de l'autre côté de la Geete, ga-
gne-

gnerent Tirlemont avec les débris de leur aîle droite & une partie de leur aîle gauche, s'arrêterent ensuite entre cette ville & Bauterfem, envoierent des ordres de différens côtés pour rassembler leurs troupes, & marcherent le lendemain à Louvain, qu'ils traverserent pour aller camper à Betlehem.

On évalua leur perte, tant dans le combat qu'au passage de la Geete & dans leur déroute, à dix-huit mille hommes ou environ, y compris plus de quinze cens prisonniers, parmi lesquels se trouverent le Duc d'Ormond, Lieutenant-Général & Capitaine des Gardes du Prince d'Orange; M. de Zuïlestein, Major-Général; M. de s' Gravenmoer, Officier-Général; M. le Comte de Lippe, & plusieurs autres Officiers. Quant aux attirails de guerre, on leur prit soixante-&-seize piéces de canon, huit mortiers ou obuces, & neuf pontons.

L'armée du Roi perdit à peu près sept à huit mille hommes, tant tués que blessés. Du nombre des premiers parmi les principaux Officiers, furent M. de Montchevreuil, Lieutenant-Général; le Prince Paul de Lorraine, fils du Prince de Lislebonne; le Comte de Gassion; le Duc d'Usez; MM. de Montreyel, de Quadt, & de Bohlen. Du nombre des seconds parmi les Officiers de marque, furent M. le Duc de Berwick (a), pris à l'attaque du village de Neerwinde; le Maréchal de Joyeuse; le Duc de la Rocheguyon; le Duc de Montmorency; le Comte de Luxe, fils du Maréchal de Luxembourg, Mylord Lucan, MM. de Salis, de Surville, de

―――――
(a) Trois semaines après la bataille, il fut échangé contre le Duc d'Ormond.

1693 de Villequier, de Rochefort, de Saillant, de Tracy, & le Chevalier de Sillery.
JUIL-
LET.

Cette bataille eut pour principal motif de recouvrer l'égalité des armes que le Prince de Wirtemberg venoit d'ôter aux troupes du Roi, en s'emparant des Lignes d'Espierre avec des forces supérieures. Le succès de la revanche surpassa l'attente. L'armée Françoise empêcha les ennemis de tenir la campagne devant elle; tellement qu'ils furent obligés de se retirer sous leurs places, & de rappeller incessamment le Prince de Wirtemberg sous Bruxelles.

Les affaires aiant ainsi changé de face, il se présenta plusieurs conquêtes à entreprendre; celles de Liége, de Leeuwe, de Louvain, d'Ath & de Charleroy. Ce n'est pas que ces conquêtes fussent également faciles à faire. On manquoit de chevaux qui trainassent en peu de tems le gros canon, les mortiers & les bombes à Leeuwe & à Louvain, où l'armée Françoise n'eût pû même attendre la fin d'un siége, à cause de la disette des vivres & des fourrages. Les caissons n'étoient pas en état d'y transporter le pain, & les armées de part & d'autre, pendant leur séjour aux camps de Meldert & de Parck, avoient consommé tout le produit des champs & des prairies. La diminution, causée dans l'infanterie par le combat de Neerwinde, dissuadoit d'attaquer les retranchemens de Liége, d'autant plus qu'avec toute apparence de réussite c'eût été la vouloir détruire de propos délibéré, que de l'exposer à forcer des Lignes, gardées par trente-&-un bataillons & cinq Régimens de cavalerie, ou de Dragons. Il restoit encore à savoir s'il étoit

plus

plus avantageux d'emporter cette place, pendant qu'on n'avoit point assez de forces pour assiéger Maestricht, que de la laisser aux ennemis, qui, aiant sa conservation fort à cœur, étoient obligés d'y tenir une petite armée; ce qui opéroit une diversion favorable à l'armée du Roi. D'ailleurs la grande quantité de troupes répandues dans Liége, & l'effet qu'y avoit produit la récente victoire, ne donnoient aucun lieu d'espérer qu'on en viendroit à bout, ou par les armes, ou par quelque nouvelle révolution des habitans. Après une assemblée, tenue à la réquisition de ceux attachés au parti du Prince d'Orange, plusieurs Membres du Chapitre, qui, ainsi que tout le Peuple, penchoit à demander la neutralité au Roi, avoient été arrêtés & conduits à Maestricht. Ainsi il n'y eut que les villes de Charleroy & d'Ath, auxquelles on pût s'attaquer avec moins d'embarras & plus de succès.

La prise de chacune de ces deux places devoit procurer différens avantages. Celle de Charleroy avoit ceci d'utile, qu'on pourroit faire commodément la guerre aux environs de Liége & de Louvain; que le Pays d'entre Sambre & Meuse deviendroit libre pour les allées & les venues des convois; qu'on ne seroit plus assujetti à les assûrer en toute saison par de grosses escortes; qu'on s'affranchiroit des courses continuelles de la garnison de cette place; que les troupes, jusqu'alors sans cesse en crainte & en risque, resteroient désormais tranquilles dans leurs quartiers; & qu'on occuperoit plusieurs postes dans le Hainaut, sans qu'on y eût besoin de retranchemens. Quant au siége, on pouvoit tirer de Namur & de Maubeuge par la Sambre tout ce qui étoit nécessaire pour l'entreprendre, mais M. de Luxembourg ne trouvoit pas l'expédition si aisée qu'elle paroissoit l'être. Il jugeoit que l'anse du Piéton n'étoit pas une assiette qui convînt à son armée pour les accidens qu'il prévoioit pouvoir arriver s'il prenoit cette position. En effet l'ennemi venant à camper au-dessus vers Viville, Timéon & Reves, l'armée du siège eût été comme investie par celle du secours, fort resserrée pour les fourrages & très embarrassée pour déboucher du Piéton, soit que les ennemis prissent le chemin de Fleurus, ou qu'ils allassent du côté de Marchienne. Faire le siége avec une partie des troupes, & tenir une armée d'observation par-delà le ruisseau, étoient deux choses au-dessus des forces actuelles de M. de Luxembourg. En tout cas les ennemis n'avoient qu'à se placer à Genappe; ils eussent obligé ces deux Corps à se réunir, & le siége eût traîné en longueur.

La prise d'Ath avoit aussi son utilité particulière, qui consistoit à donner une libre communication de Mons à Tournay, le moien d'aller subsister jusqu'à Alost & au-delà de la Dendre, celui de s'approcher de Bruxelles avec facilité, & au contraire plus de difficulté aux ennemis de troubler ce siége que celui de Charleroy, parce que l'armée d'observation, sans s'éloigner de la place, auroit occupé des positions plus avantageuses.

Quoique la bataille de Neerwinde eût mis l'armée des Alliés dans une impuissance à peu près semblable à celle de l'armée de France; néanmoins le Prince d'Orange pouvoit secourir l'une & l'autre des places avec autant de troupes qu'en emploieroit M. de Luxembourg à les attaquer. Il en avoit dans Liége, sans celles dont le Prince de Wirtemberg s'étoit servi contre les Lignes. Ces deux Corps faisoient à peu près cinquante bataillons, qui, joints à ses débris, suffisoient pour lui former une infanterie aussi nombreuse que celle du Roi.

M. d'Artaignan étoit allé porter au Roi l'agréable nouvelle de la victoire remportée sur les ennemis. M. de Luxembourg l'avoit chargé d'exposer circonstanciérement à Sa Majesté tous les avantages avec les inconvéniens, afin qu'il plût au Monarque de résoudre quelle place il souhaitoit que l'on soumît à son obéissance. En attendant réponse, on songea à établir par-tout des contributions sur le Pays ennemi. Le 4. Août M. de Rosen partit avec quarante escadrons de cavalerie & huit cens Dragons pour s'avancer à Brey & à Peer, au-delà du Demer, d'où il devoit envoier en différens endroits des détachemens, qui imposeroient des exactions aux habitans.

M. de Luxembourg s'arrêta quelques jours à Landenfermé, pendant lesquels il fit transporter ses blessés à Huy & à Namur. Le 2. Août il décampa pour Covarem, où les fourrages étoient moins rares qu'aux environs de la Geete.

La marche se fit sur sept colonnes ; le boute-selle & la générale à la pointe du jour ; à cheval & l'assemblée une heure après.

L'aîle gauche défila par la gauche, & chaque ligne

forma sa colonne. Elles allerent toutes deux, en se côtoiant, droit à la tombe d'Avernas, qu'elles laisserent à leur droite. De là elles marcherent au moulin de Trogny & à Cortis, où fut leur camp. Chaque colonne fut suivie de ses bagages.

La troisième colonne fut pour l'aîle gauche d'infanterie. Elle passa près de la tombe de Step, qu'elle mit à gauche, & dirigeant sa marche entre Trogny & Cortis, elle entra dans la plaine du camp.

La quatrième colonne fut pour l'artillerie & pour les vivres. Cette colonne prit sur la tombe de la Bourlotte, laissa la hauteur de Step à droite pour gagner Cortis, coula le long des hayes à la droite du village, & arriva ainsi dans la plaine du camp.

La cinquième colonne fut pour les équipages du quartier général & pour ceux de l'aîle droite de cavalerie. Cette colonne, partant de son camp, marcha à Houten, tint Montenaken à gauche & Cortis à droite pour arriver à la tombe de Russon, où elle se trouva dans le camp.

La sixième colonne fut pour l'aîle droite d'infanterie, laquelle, en sortant de son camp, laissa Landenfermé à gauche pour joindre le ruisseau à Joncourt. De là elle vint, Houten & Montenaken à droite, traverser le ruisseau de Cortis à Frenia, d'où elle entra dans la plaine du camp.

La septième colonne fut pour l'aîle droite de cavalerie. Elle passa à Rumsdorp, marcha ensuite par la gauche d'Attenhoven à Gingelem, & de là au moulin à vent de Covarem, où fut son camp.

Le

DE FLANDRE.

Le campement s'assembla à la tête de la Brigade des Gardes.

L'armée eut sa droite à Oleye sur le Jaar, sa gauche à Cortis, près des trois tombes, & le quartier général à Covarem.

L'artillerie, prise sur les ennemis, ne put être traînée à Namur avant le 6. d'Août. La raison en étoit qu'on manquoit de chevaux; ce qui obligea même de réduire celle de l'armée à cinquante piéces, dont les plus grosses n'étoient que de douze, celles de vingt-quatre ne pouvant suivre, faute de bêtes de trait. Il fallut encore renvoier les pontons, & l'équipage des vivres n'étoit pas mieux assorti, sans oublier que les chariots, tirés de la frontière, ne pouvoient voiturer du pain tout au plus que pour quatre jours. Cependant ceux d'entre les Courtisans, jaloux de la gloire de M. de Luxembourg, ne manquerent pas de blâmer sa conduite, & d'insinuer dans leurs discours qu'il eût été à desirer qu'après la bataille on se fût avancé dans le Pays ennemi. Le Maréchal n'eut pas de peine à se justifier dans l'esprit du Roi sur un reproche, aussi mal appliqué que l'avis étoit impraticable. Ces censeurs n'étoient instruits, ni de l'impossibilité qu'il y auroit eu de trouver des vivres plus avant chez les ennemis, ni de la difficulté d'y conduire de l'artillerie, ni de la disette des fourrages; aussi en jugeoient-ils sans connoissance de cause & avec moins d'équité.

Le Prince d'Orange & l'Electeur de Baviere s'étoient d'abord placés entre Vilvorde & Bruxelles. Ils ne tarderent

1693.
AOUT

rent pas à être joints par les troupes qui s'étoient retirées au-delà du Demer, & par le Prince de Wirtemberg, qui arriva à Bruxelles le 3. d'Août. Après cette jonction, l'armée des Alliés se rassembla entre Dieghem & Malines, où elle campa pour observer les mouvemens des troupes Françoises.

Le Roi s'étant déclaré pour le siége de Charleroy, M. de Luxembourg concerta avec MM. de Vauban & de Vigny toutes les mesures propres à exécuter cette opération avec succès. Il ne se hâta pas d'arriver devant la place, il aima mieux attendre que tout fût prêt avant que de s'y rendre. Les fourrages étoient fort rares près de là, & dans les environs où il falloit prendre poste pour empêcher le secours; il appréhenda que si l'armée consommoit une partie de ces fourrages avant les travaux, il n'en restât pas une assez grande quantité pour achever le siége. Par le détail qu'on avoit fait au Roi des pertes de son infanterie à la bataille de Neerwinde, Sa Majesté, considérant la supériorité qu'auroit sur elle celle que les Alliés ne manqueroient pas de rassembler, envoia en Normandie ordre à onze bataillons de marcher en Flandre. Ces troupes n'étoient plus nécessaires dans la Province pour la garde des côtes, depuis l'avantage que la flotte du Roi avoit remporté sur les ennemis entre Lagos & Cadix.

Le Prince d'Orange avoit répandu le bruit que les troupes, qui étoient en Angleterre, viendroient débarquer en Flandre. Il parut vraisemblable que leur destination fut de tenter une descente dans quelque lieu maritime de la France; mais elles ne firent voile, ni de ce côté-là,

ni

ni de celui-ci. La nouvelle cessa d'en imposer après la bataille de Neerwinde, qui détermina le Prince d'Orange à ne point dénuer de milice un Etat, où il y avoit une grande fermentation dans les esprits.

Mr. de Luxembourg ne se fut pas plûtôt débarrassé du soin de ses blessés, de ses prisonniers & du butin de l'artillerie ennemie, qu'il songea à se placer de façon qu'il pût masquer la ville dont il avoit à faire le siége. Sa route étoit de s'avancer du côté de Genappe & de Nivelle pour gagner le milieu entre Charleroy & l'armée des Alliés. De Covarem il alla le 15. Août camper à Boneff sur la Mehaigne.

Cette marche se fit sur sept colonnes ; le boute-selle & la générale à la pointe du jour ; à cheval & l'assemblée une heure après.

Marche de Covarem à Boneff.

Aussi-tôt que l'on eut sonné à cheval & que l'assemblée fut battue, l'aîle gauche & toute l'infanterie marcherent devant elles de front, & la première ligne s'avança à trois cens pas en avant de la tête de son camp. La seconde ligne, marchant aussi de front, traversa le camp de la première pour se placer à deux cens pas derrière elle. Ce mouvement achevé, l'armée se mit en marche par sa gauche, & chaque ligne forma une colonne. La première, qui avoit celle de la droite, laissa Cortis avec Trogny à gauche & Avernas-le-Gras à droite, passa entre Crehen & Hannut, & tenant ensuite Thine de ce côté, elle gagna Mierdaux, de là Boneff, qui fut derrière la gauche de l'armée.

La seconde ligne forma la seconde colonne. Elle rasa les hayes de Cortis, qu'elle laissa à droite pour

1693.
AOUT.

arriver au moulin à vent de Trogny, d'où, côtoiant toujours la colonne qui étoit à sa droite, elle se rendit à Viler, mit ce village à gauche, ainsi que la cense de Dieu-regard, continua sa marche vers Mierdaux, & se porta par la gauche de la grande chaussée droit à Boneff, où fut le camp.

La troisième colonne fut pour l'artillerie, laquelle coula le long de la tête du camp de la première ligne, en tenant à droite les troupes des deux lignes qui s'étoient avancées de front. Elle passa au moulin de Trogny, qu'elle laissa à gauche, de là à Viler, puis à Dieu-regard & aux tombes de Mierdaux, où fut le camp.

La quatrième colonne fut pour les bagages de la première ligne, lesquels, marchant par la gauche dans l'ordre où leurs troupes étoient campées, allerent de Boulein à la tombe de Blehen, & à celle de l'Empereur, qu'ils mirent à gauche pour gagner la grande chaussée aux tombes de Mocheron, où ils se trouverent dans le camp.

La cinquième colonne fut pour les bagages de la seconde ligne, qui observerent dans leur marche le même ordre que ceux de la première. Cette colonne passa la Meulle à Fresin, d'où, laissant Lens-les-Beguines à gauche, la tombe de Blehen à droite, elle alla gagner celles de l'Empereur. Ensuite elle traversa la grande chaussée, & vint, la tombe du soleil à la droite, Mocheron & Waseiges à gauche, droit à Branchon & à Boneff, où fut le camp.

La sixième & la septième colonnes furent pour l'aîle droi-

droite de cavalerie. La seconde ligne, qui eut celle de la droite, alla passer le Jaar dans Warem, & la première ligne à Oftange. De là, en se côtoïant, elles s'en furent par la plaine gagner la grande chauffée aux cinq tombes d'Houmal, continuerent par celle d'Avesne, & tenant la grande chauffée à leur droite, elles joignirent la droite du camp à hauteur de la tombe du soleil.

1693. AOUT.

On mit quatre cens hommes de pied dans chaque colonne de bagages, dont deux cens autres firent l'arrière-garde.

Aux vieilles Gardes, qui firent l'arrière-garde selon la coutume, on ajouta deux cens chevaux & cent Dragons.

A la générale, le campement s'assembla à la tête du Mestre-de-Camp.

L'armée campa sur deux lignes, la droite à la tombe du soleil, la gauche à Franquenies, le quartier général à Boneff, ce village & la Mehaigne derrière le camp.

Le 16. l'armée du Roi se transporta à Sombreff.

La marche se fit sur six colonnes; le boute-selle & la générale au jour; à cheval & l'assemblée une heure après.

Marche de Boneff à Sombreff.

La colonne de la droite fut pour l'aîle droite de cavalerie; la première ligne en eut la tête, & marcha à colonne renversée. Cette colonne laissa l'artillerie à sa gauche, & Ramier ou Ramillies à sa droite, alla à la cense & à la tombe d'Ottomont, à gauche desquelles elle tira ensuite droit à Peruwez, marcha de là à Torbais-Saint-Bron, qu'elle tint à droite & le bois du Bus à gau-

gauche. Ensuite venant gagner la chauſſée près de la cenſe d'Outboſſé, elle rencontra une colonne d'infanterie, qu'elle côtoïa pour entrer dans la plaine du camp.

La ſeconde colonne fut pour la première ligne d'infanterie, en commençant par la gauche. Celle-ci tint l'artillerie & la grande chauſſée à ſa gauche, paſſa aux cinq Etoiles, côtoia toujours la grande chauſſée juſqu'à la cenſe d'Outboſſé, la traverſa, la mit enſuite à ſa droite, & marcha à travers champs entre Gemblours & Bertinchamp, où elle entra dans ſon camp.

La troiſième colonne fut pour l'artillerie & pour les gros bagages de l'armée, leſquels ſuivirent la grande chauſſée juſqu'à la hauteur de Sauvenelle, d'où ils ſe rendirent au camp.

La quatrième colonne fut pour les menus équipages de l'armée, en défilant par leur gauche dans l'ordre où les troupes étoient campées. Ils longerent la grande chauſſée pendant quelque tems, enſuite la laiſſant à droite, ils traverſerent le bois du grand Lez pour aller paſſer au petit Manil, d'où ils prirent par la gauche de Sauvenelle entre Gemblours & Bertinchamp, où fut le camp.

La cinquième colonne fut pour la ſeconde ligne d'infanterie, laquelle paſſa à la tête du camp de la première ligne de l'aîle gauche de cavalerie pour aller à Taviers. Elle côtoïa la Mehaigne, juſqu'à ce que tournant à gauche, elle prit ſur Aſche & Liernue, qu'elle tint du même côté, pour enfiler le chemin du petit Lez, d'où elle marcha à Liroup, à la Poſterie, & entra dans la plaine du camp.

La

DE FLANDRE.

La sixième colonne fut pour l'aîle gauche de cavalerie, laquelle défila par sa gauche. Cette colonne, sortant de son camp, forma deux autres colonnes. La première ligne eut celle de la droite, & alla passer à Taviers; l'autre à Franquenies. De là elles traverserent la plaine pour gagner successivement Fraucon, Longchamp, Saint-Germain & l'Abbaye d'Argenton. Puis, Gemblours à droite, elles vinrent à grand Manil, & tenant Conroy à gauche & le bois d'Elpech de l'autre côté, elles se rendirent à Sombreff, où fut leur camp.

A la générale, le campement s'assembla à la tête du Mestre-de-Camp. Deux cens hommes d'infanterie furent mis dans chaque colonne de bagages. Trois cens autres marcherent, dès la veille au soir, pour se poster dans le bois de l'Abbaye de la Ramée, dans ceux du Bus & du grand Lez. On en envoia encore deux cens, qui garnirent les bois d'Argenton & de Sombreff.

On commanda l'infanterie pour le campement comme à l'ordinaire, & les vieilles Gardes eurent l'arrière-garde des colonnes d'infanterie & de bagages.

L'armée porta sa droite à Gemblours, sa gauche près du château de Saint-Amand & le quartier général à Sombreff.

M. de Luxembourg se proposoit de camper de Sombreff à Genappe; mais faisant attention au Pays, qui étoit presque désert & tout dénué de fourrage, il renonça au projet. Informé d'ailleurs que les ennemis s'étoient mis le 17. en marche pour Anderlecht, d'où on prétendoit qu'ils s'avanceroient à Halle & à Braine-Laleu, il crut
de-

1693.
AOUT.

devoir s'en approcher, en menant l'armée à Nivelle.

Marche de Sombreff à Nivelle.

La marche se fit sur six colonnes; le boute-selle & la générale au jour; à cheval & l'assemblée une heure après.

L'aîle droite de cavalerie eut la colonne de la droite. La Maison du Roi en prit la tête, & fut suivie des Brigades de Bohlen, de Dalou, & de celles qui composoient la seconde ligne, dans le même ordre que de celles de la première. Cette colonne, quittant son camp, enfila la grande chaussée, passa à Bertinchamp, de là au château de Tilly, à Sart-à-Mavelinne, laissa le grand chemin de Namur à gauche pour joindre la cense de la Croisette, & passa la rivière au pont de Thil. Ensuite elle marcha à la cense de Promelle, la tint à gauche, ainsi que la Croix-Alliette, & arriva à la Commanderie de Vaillencour, où fut son camp.

La seconde colonne fut pour l'aîle droite d'infanterie; Navarre en eut la tête. Cette colonne alla par la droite de Bertinchamp gagner la grande chaussée, qu'elle traversa. Laissant ensuite à gauche la cense de la Truie qui file, de même que la chaussée de Namur à Bruxelles, & la colonne de cavalerie à sa droite, elle passa au hameau de Marbais, de là à Basy, traversa la rivière à Hutte, & vint du château de Promelle à hauteur de Vaillencour, où fut son camp.

La troisième colonne fut pour les bagages du quartier général de l'aîle droite de cavalerie & pour ceux de l'aîle droite d'infanterie, lesquels observerent dans leur marche l'ordre que tenoient leurs troupes. Cette colonne, partant

tant de son rendez-vous, marcha à travers champs, traversa la grande chaussée à hauteur des trois Burettes, les laissa à gauche, prit le chemin qui va de Namur à Bruxelles, le suivit jusqu'au-delà de Genappe, où, pliant à gauche, elle passa au hameau de Ronque, & entra dans la plaine de Nivelle, où fut le camp.

La quatrième colonne fut pour l'artillerie & pour les équipages de la gauche, tant de cavalerie que d'infanterie. Cette colonne alla gagner la grande chaussée aux trois Burettes, qu'elle laissa à droite, & suivit la chaussée jusqu'au cabaret de la Couronne. De là elle se porta à Frasne, à Bantrelet, & tenant à droite le chemin de Namur, elle passa de Loupoigne à Ronque, d'où, l'autre colonne sur sa droite, elle entra dans la plaine du camp.

La cinquième colonne fut pour l'aîle gauche d'infanterie; Piémont en eut la tête. Cette colonne, sortant de son camp, laissa le parc d'artillerie à sa droite, passa à côté du château de Wanelay qu'elle tint à gauche, alla de là près du cabaret de la Couronne, à la droite duquel elle arriva à Frasne. Ensuite après avoir traversé les bois de Houtain, elle continua sa marche par Houtain-le-Mont & les censes de Vieucourt, d'où elle entra dans la plaine du camp.

La sixième colonne fut pour l'aîle gauche de cavalerie, dont le Mestre-de-Camp eut la tête. Cette colonne alla passer au château de l'Escaille, à la cense de Chessaux, & à celle du Grandchamp. Puis aiant rasé le bois de Liberchies, elle arriva à Reve, traversa par-delà Sart-à-Reve le bois de Nivelle pour gagner les

1693.
AOÛT.

censes de Tillemont, d'où elle entra dans la plaine de Nivelle.

On commanda six cens fantaſſins pour l'escorte des deux colonnes de bagages, & deux cens de plus pour aller au campement, lequel s'aſſembla à la tête du Meſtre-de-Camp.

L'armée eut ſa droite à Vaillencour, & ſa gauche à Arquenne, au-delà duquel village campa la réſerve.

Il s'éleva dans ce camp parmi les ſoldats des murmures, qui furent ſuivis d'émeutes aſſez ſérieuſes, occaſionnées par le défaut de paiement. Les finances ſe trouvoient épuiſées, les reſſources difficiles, & faute de ſatisfaire les troupes, au-lieu de réprimer la licence, on étoit obligé de fermer les yeux ſur les deſordres qui augmentoient de jour en jour. Pluſieurs Régimens s'attroupèrent pendant quelques nuits conſécutives, & demandèrent leur dû d'un ton menaçant, dont il y eut tout lieu de craindre les ſuites. On punit les plus ſéditieux, & on appaiſa les autres par la diſtribution de quelque argent, en attendant que le Roi prît des meſures pour que les troupes fuſſent exactement paiées juſqu'à la fin de la campagne.

M. de Luxembourg eût campé plus avantageuſement au-delà de Nivelle, où il auroit enlevé les fourrages, ſinon depuis cette ville juſqu'à Bruxelles, du moins auſſi loin qu'il eût été poſſible. Ce fut-là ſon premier deſſein, mais faiſant réflexion que des détachemens ne pourroient ſans riſque paſſer la Senne aux environs de Halle pendant le ſéjour des Alliés du côté d'Anderlecht, & qu'il perdroit une journée à repaſſer les défilés pour re-
ve-

venir d'au-delà en-deçà de Nivelle, ou pour marcher à 1693.
Braine-le-Comte, il se contenta d'étendre son armée en- AOUT.
tre Vaillencour & Arquenne. Le centre en étoit vis-à-
vis & près de Nivelle, un des chemins que les ennemis
avoient à prendre pour secourir Charleroy. M. de Luxembourg, bien-aise de fourrager les environs, se proposoit, avant que de marcher vers cette place, d'en faire autant à Soignies, ou à Braine-le-Comte. De ces
deux camps, le premier lui paroissant préférable au second, qui étoit coupé par quelques ravins, l'armée s'y
porta le 19., & fut suivie de M. d'Harcourt, qui campoit à Genappe.

La marche de Nivelle à Soignies se fit sur cinq co- Marche de
lonnes. On sonna le boute-selle & la générale au jour; Nivelle à
à cheval & l'assemblée quand on en donna l'ordre. Soignies.

La colonne de la droite fut pour l'aîle gauche de cavalerie. Les Dragons, qui y étoient campés, en eurent
la tête, & furent suivis de la Brigade du Mestre-de-Camp,
du reste de la première ligne, ainsi qu'elle étoit campée, & de la seconde dans le même ordre que la première. Cette colonne passa sur le pont du village d'Arquenne, laissa Felluy à gauche & longea le bois de l'Escaille, qu'elle tint du même côté. De là elle s'avança au
pont du château de la Folie, prit le chemin qui va au
moulin de Braine-le-Comte, traversa le bois de Soignies
& se rendit à Ubomé, où, aiant passé le ruisseau, elle
entra dans la plaine du camp.

La seconde colonne fut pour l'aîle gauche de l'infanterie, dont Piémont eut la tête. Cette colonne passa au

O 2　　　　　　　　　pont

pont du château d'Arquenne, traversa Felluy, arriva à la cense de l'Escaille, & de là par la droite aux Escauffinnes basses. Ensuite elle poursuivit sa marche par le cabaret de Belle-Tête, suivit le chemin qui mène à Soignies, tint Saint-Hubert à gauche, & entra par le pont du fauxbourg de la ville dans la plaine du camp.

La troisième colonne fut pour l'aîle droite d'infanterie; les Gardes en eurent la tête. Cette colonne, partant de son camp, passa sur le pont de la droite des deux qu'on avoit jettés au-dessus de celui du château d'Arquenne, vint de là à la maison de M. Gaudry, mit celle de M. Lallemand à sa droite, & gagna le chemin de Felluy à Marcq, qu'elle suivit jusqu'à la hauteur du bois de Felluy. Tenant ensuite à gauche la croisée du chemin des Escauffinnes à Seneff, elle alla joindre les Escauffinnes hautes, d'où elle prit entre le moulin à vent de Naast & Saint-Hubert, traversa le ruisseau de Soignies au four-à-chaux, & entra dans la plaine du camp.

La quatrième colonne fut pour les menus équipages de l'armée, lesquels, quittant leur rendez-vous, allerent passer au pont de la gauche des deux construits au-dessus du château d'Arquenne, d'où ils enfilerent le chemin du château de Buseray, suivirent celui de la cense d'Elcourt aux Escauffinnes, & s'en furent par les terres gagner le ruisseau entre Naast & le moulin, qu'ils traverserent pour entrer dans la plaine du camp.

La cinquième colonne fut pour l'aîle droite de cavalerie, en commençant par la Brigade de Dalou. Cette colonne vint passer au pont de pierre, laissa la cense d'Ubaumont à sa gauche, marcha de là à travers champs

champs à la hauteur de Seneff, qu'elle tint du même côté, prit le chemin de Famille-à-Rœux, & arriva succeſſivement de la cenſe de Boulan à Megneau, de Court-aux-bois à Naaſt, juſqu'à ce qu'elle entra dans la plaine du camp.

A la générale, le campement s'aſſembla au-delà du village d'Arquenne.

On commanda un Brigadier avec cinq cens chevaux, qui allerent du côté de Braine-le-Comte couvrir la marche de l'armée.

Elle campa ſur deux lignes, la droite à Naaſt, & la gauche au ruiſſeau de Cauchie-Notre-Dame. Soignies, où étoit le quartier général, fut couverte par M. d'Harcourt.

Cette marche inquiéta fort le Prince d'Orange par rapport à Ath. Il y jetta deux mille hommes, & alla camper à Saint-Martin-Lennicke.

M. de Luxembourg avoit prévû qu'il ſeroit embarraſſé pour la ſubſiſtance de ſa cavalerie pendant le ſiége de Charleroy. Il ne différoit de ſe préſenter devant la place qu'à propos, exprès pour ménager les fourrages des environs; mais le Gouverneur, perſuadé qu'il étoit menacé d'un ſiége, détachoit ſans ceſſe des troupes de ſa garniſon, avec ordre de ravager & de bruler tout ce qu'elles en trouveroient de côté & d'autre. L'armée du Roi pouvoit en quelque ſorte ſuppléer par des fourrages ſecs au défaut de ceux-ci. Il y avoit à Philippeville environ deux cens mille rations, à Mons, Namur, Dinant & Givet dix-ſept mille quatre cens ſetiers d'avoine, dont

1693
AOUT.
dont on comptoit se servir dans le besoin, & en cas qu'à l'approché des ennemis, les deux armées restassent en présence pendant quelque tems, on projettoit de transporter au château de Tresignies trois mille autres setiers pour l'usage de la cavalerie.

Cependant les troupes, sorties de Normandie, s'avançoient sur la frontière. Dès qu'elles furent à portée d'arriver devant la place, M. de Luxembourg songea à les joindre. Le 9. Septembre l'armée, s'étant mise en mouvement, alla camper à Haisne-Saint-Pierre & à Haisne-Saint-Paul.

SEPTEMBRE.

Marche de Soignies à Haisne-Saint-Pierre.

La marche se fit sur six colonnes. On sonna le boute-selle & la générale au petit jour ; à cheval & l'assemblée une demi-heure après.

L'aîle gauche de cavalerie fit la colonne de la droite ; le Mestre-de-Camp en eut la tête. Cette colonne suivit la chaussée de Bruxelles à Mons jusqu'au chemin qui va d'Ath à Binch. Prenant alors à gauche, elle passa sur la bruyère du Casteau, gagna ensuite Saint-Denys, Ville-sur-Haisne & le gué de Thieu, d'où elle entra dans son camp.

La seconde colonne fut pour l'aîle gauche d'infanterie, dont Orléans eut la tête. Cette colonne alla de son camp droit à la Justice de Soignies, de là à Saisinne, puis à Thieusies, qu'elle laissa à droite pour passer à Gottigny & aux ponts construits au-dessus de Thieu, d'où elle entra dans la plaine du camp.

La troisième colonne fut pour les équipages du quartier général, & pour ceux de l'aîle gauche de cavalerie

rie & d'infanterie. Cette colonne marcha par des ouvertures à travers champs droit à la cense de Tidonceau, prit de là sur Sirieu, traversa les terres jusqu'à la Justice du Rœux, & passant entre Thieu & Bracquignies, elle alla se rendre dans la plaine du camp.

La quatrième colonne fut pour l'artillerie & pour les équipages de l'aîle droite, tant cavalerie qu'infanterie. Cette colonne suivit le chemin de Soignies à Thieusies jusqu'à l'entrée de la plaine, qu'elle prit celui qui va à Ubifossé. Elle laissa ce hameau à gauche & la Justice du Rœux à droite, pour joindre la Maladrerie, où elle marcha par la route de Bracquignies, évitant d'entrer dans le chemin creux. Arrivée à la Chapelle Sainte-Anne, cette colonne continua sa marche à travers champs jusqu'à la hauteur de Haisne-Saint-Pierre, où fut le camp.

La cinquième colonne fut pour l'aîle droite d'infanterie, dont Anjou eut la tête. Cette colonne, partant de son camp, alla prendre le chemin de Soignies au Rœux, passa par la Buze, laissa le Rœux à droite pour gagner Houde & Goignies, & traversa le ruisseau près de la cense de la Louvière, d'où elle entra dans la plaine du camp.

La sixième & dernière colonne fut pour l'aîle droite de cavalerie, dont la Maison du Roi eut la tête. Cette colonne vint passer à Court-au-bois, à Megneau, à la cense de Boulan, à Bois-de-Haisne, au Fayt & au Terme de Hardimont, où elle se trouva à la droite du camp.

Trois cens fantassins furent mis dans chaque colonne
de

de bagages. On envoia trois partis, chacun de cinquante hommes, dans la vallée du Rœux.

On commanda six cens hommes de pied pour le campement, dont le rendez-vous fut à la tête du Régiment du Roi.

L'armée campa sur deux lignes, la droite au Terme de Hardimont, la gauche au ruisseau qui descend d'Houden à Thieu, le quartier général à Haisne-Saint-Pierre, & la rivière d'Haisne derrière le camp.

Le 10. l'armée marcha à Vanderbecq, où l'on établit le quartier général.

Marche de Haisne-Saint-Pierre à Vanderbecq.

Cette marche se fit sur six colonnes.

L'aîle gauche de cavalerie forma la colonne de la droite; le Mestre-de-Camp en eut la tête. Cette colonne passa la Haisne au pont de Triviere, alla à travers champs droit à la Hutte, à Ressay & au Val, laissa le Mont de Sainte-Aldegonde à gauche pour gagner le moulin de Carnières, d'où elle poussa jusqu'à la hauteur du Piéton, où fut son camp.

La seconde colonne fut pour les équipages de l'aîle gauche de cavalerie & d'infanterie, lesquels prirent par le pont de Saint-Vast, & traversant la grande chaussée, allerent au Mont de Sainte-Aldegonde. De là ils passerent à Carnieres, à la cense de Beauregard, & continuerent leur marche jusqu'à la hauteur de Chapelle à Herlaimont, où fut le camp.

La troisième colonne fut pour la gauche de l'infanterie, dont Greder Suisse eut la tête. Cette colonne, lais-

DE FLANDRE.

laissant Haisne-Saint-Pierre derrière elle, marcha à Merlanwelz, & suivit de là la chaussée jusqu'à Chapelle à Herlaimont, où fut le camp. L'artillerie, qui parquoit à Merlanwelz, prit la tête de cette colonne.

La quatrième colonne fut pour les équipages du quartier général, pour ceux de l'aîle droite de cavalerie & d'infanterie. Cette colonne, sortant de son camp, entra par la porte de Vragny dans le parc de Marimont, d'où elle se porta près du château, qu'elle laissa à gauche pour suivre l'allée qui va à Montaigu, & vint se rendre au camp par le chemin de Chapelle à Herlaimont.

La cinquième colonne fut pour l'aîle droite d'infanterie, dont Bourbonnois eut la tête. Cette colonne passa au coin du parc de Marimont, qu'elle côtoïa à la droite jusqu'à la hauteur de l'Abbaye de l'Olive. De là elle marcha au bois de Belle-court, & tenant la cense del-Bouvrie à droite, elle entra dans la plaine entre Vanderbecq & Chapelle à Herlaimont, où fut le camp.

La sixième & dernière colonne fut pour l'aîle droite de cavalerie, dont la Maison du Roi eut la tête. Cette colonne alla de son camp à la hauteur de Hardimont, & de là à Jolimont, qu'elle laissa à gauche. Elle prit ensuite le chemin qui mene au village de Hestre, le tint à droite, ainsi que Belle-court, & arriva en droiture dans les prairies de Notre-Dame des sept-Douleurs, où elle entra dans le camp.

Trois cens hommes d'infanterie furent commandés pour chaque colonne de bagages, & six cens autres pour

1693.
SEPTEMBRE.

pour le campement, auxquels on assigna le rendez-vous au-delà du pont de Haisne-Saint-Pierre.

L'armée campa sur deux lignes, la droite à Ubay, la gauche au Prieuré de Herlaimont, le ruisseau de Piéton derrière le camp, & Vanderbecq pour quartier général.

Les troupes, destinées à former la circonvallation de Charleroy, continuerent leur marche dans l'ordre suivant :

Celles, qui étoient des colonnes de la droite, allerent à Chapelle à Herlaimont & au Piéton, laisserent Trafegnies & Courcelles à gauche, passerent deux ponts qu'ils trouverent à Sart-le-Moine, marcherent de là à Jumée, & lorsqu'elles furent dans la plaine, elles firent halte, & attendirent des ordres ultérieurs.

Les troupes, qui étoient des colonnes de la gauche, s'en furent par la bruyère de Vanderbecq gagner le pont de Gouy. Ensuite mettant le village à leur droite, elles passerent de la Posterie de Courcelles au moulin de la Ferté, puis à Gosseliers, & lorsqu'elles furent arrivées dans la plaine, elles doublerent, en attendant de nouveaux ordres.

Le même jour Charleroy fut investi par trente bataillons & trente-deux escadrons, tant des troupes nouvellement arrivées sur la frontière, que de celles qui furent détachées de l'armée, auquel nombre il faut ajouter quelques bataillons tirés de Namur. M. de Ximenès investit la place du côté de Marchienne, M. de Guiscard du côté de Coville. Aussi-tôt on manda les pionniers

pour

pour le travail des lignes de circonvallation. L'artillerie arriva par eau de Maubeuge & de Namur; une partie de celle de Mons vint par terre. Elle consistoit en cent quarante-neuf piéces de canon, & soixante-&-un mortiers, ou pierriers.

1693. SEPTEMBRE.

ETAT de l'Artillerie & des Munitions de guerre, apportées & consommées au Siége de Charleroy.

PIÉCES.   Munitions consommées.

De 33.	4.
De 24.	53.
De 12., dont 6. de nouvelle invention.	12.
De 8., dont 4. *idem*.	34.
De 4., dont 18. *idem*.	36.
	139.

AFFUTS.

De 33.	6.
De 24.	55.
De 12.	27.
De 8.	41.
De 4.	42.
	171.

Avant-trains.	203.	1.
Chariots à canon.	35.	

Munitions apportées au Siége de Charleroy. — Munitions consommées.

BOULETS.

	Apportées	Consommées
De 33.	5692.	3885.
De 24.	56469.	45189.
De 12.	14260.	8440.
De 8.	14500.	8300.
De 4.	6000.	1000.
	96921.	66814.

ARMES DES PIÈCES.

De 33.	9.	1.
De 24.	74.	3.
De 12.	35.	2.
De 8.	51.	11.
De 4.	62.	11.

MORTIERS.

De 18. pouces.	3.
De 12.	30.
De 8.	24.
	57.
Pierriers.	4.

DE FLANDRE.

Munitions apportées au Siége de Charleroy.   *Munitions consommées.*   1693. SEPTEMBRE.

AFFUTS A MORTIERS.

De 18. pouces.	3.	
De 12.	37.	
De 8.	26.	
	66.	
Affûts à pierriers.	5.	

BOMBES.

De 18.	797.	589.
De 12.	9000.	8000.
De 8.	7122.	2800.
	16919.	11389.
Grenades.	19800.	6000.
Fusées à bombes.	21064.	14314.
Fusées à grenades.	19800.	6000.
Poudre.	900000.	600000.
Plomb.	160000.	80000.
Mêche.	70000.	60000.
Hallebardes.	100.	9.
Armes à l'épreuve.	10.	

OUTILS A PIONNIERS.

Pics à hoyaux.	19000.	5000.

Hoy-

1693. SEPTEMBRE. Munitions apportées au Siége de Charleroy. *Munitions consommées.*

Hoyaux.	505.	100.
Bêches.	20546.	7000.
Pelles de bois ferrées.	1054.	587.
	41105.	12687.
Haches.	3500.	1000.
Serpes.	9500.	2600.
Outils à mineurs.	318.	
Outils à ouvriers.		
Madriers.	157.	30.
Leviers.	550.	30.
Coins de mire.	262.	
Couſſinets, ou gros coins de mire.	30.	
Hampes.		
Chèvres.	10.	
Criqueballes.	5.	
Crics.	5.	
Sacs à terre.	84000.	49500.
Pierres à fuſil.	50000.	
Souphre.	856.	373.
Salpêtre.	890.	243.
Thérebentine.	24.	14.
Vieux-oing.	510.	10.
Cire blanche.	10.	10.
Chandelle.	270.	270.
Flambeaux.	106.	26.
Peaux de mouton.	78.	72.

Au-

DE FLANDRE.

Munitions apportées au Siége de Charleroy. *Munitions consommées.*

	Munitions apportées	Munitions consommées
Aunes de toile à saucissons.	20.	20.
Lanternes pour éclairer.	32.	26.
Tamis.	5.	
Mesures à poudre.	40.	
Chaudières de fer à artifices.	2.	
Entonnoirs.	2.	
Baguettes à charger les fusées à bombes.	61.	
Gamelles de bois.	9.	
Aiguilles à coudre de toutes sortes.	100.	100.
Fil.	1.	1.
Ficelle.	6.	6.
Passe-boulets.	3.	

CORDAGES.

Cinquenelles.	11.	6.
Alonges.	47.	36.
Cables de chèvres.	6.	1.
Prolonges & travers.	435.	293.
Commandes.	529.	529.
Paires de traits.	726.	396.
Batteaux de cuivre.	66.	
Hacquets.	22.	
Ancres.	20.	
Cabestans.	8.	
Crocs.	38.	36.
Fourches de fer.	42.	33.
Cuivre jaune.	40.	23.

Cloux

HISTOIRE MILITAIRE

Munitions apportées au Siége de Charleroy.	Munitions consommées.
Cloux de cuivre.	15.	5.
Forges complettes.		
Fer en barres.	4150.	4150.
Vieux fer.	250.	50.
Acier.	21.	21.
Limes.	5.	
Cloux de fer.	899.	669.
Chariots couverts.	6.	
Caiſſons.	6.	
Charettes.	173.	

A en juger par les nouvelles qu'on avoit de Bruxelles & de l'armée du Prince d'Orange, il étoit probable que les Alliés tenteroient la levée du ſiége de Charleroy. L'Electeur de Bavière avoit écrit à différentes Cours de l'Europe que l'avantage, que les François avoient eu à Neerwinde, leur avoit coûté tant de monde, qu'avec les grandes augmentations de troupes, tirées de toutes les garniſons, & dont il venoit de renforcer l'armée, il eſperoit ne point ſortir de campagne ſans donner une ſeconde bataille, en cas de quelque nouvelle entrepriſe de la part de la France.

Une diverſion pouvoit traverſer, ou faire échouer l'expédition de Charleroy; c'eſt ce qui donnoit du ſouci à la Cour. Le Roi craignoit que les Alliés n'aſſiégeaſſent Furnes, & Sa Majeſté n'étoit pas d'humeur qu'on laiſſât perdre cette place pour une autre conquête. On mit Furnes en ſûreté par un camp retranché, garni de ſix

ba-

bataillons & de seize escadrons. Cependant il étoit facile au Prince d'Orange d'y arriver avant l'armée du Roi; mais quel que fût cet avantage, M. de Luxembourg doutoit qu'il s'en prévalût. Il fondoit ce doute sur ce que la prise de Furnes ne dédommageroit pas les Alliés de la perte de Charleroy, sur ce que sa position leur portoit ombrage à l'égard de Louvain, en un mot sur ce qu'aiant le tems de rassembler les chevaux & les chariots de la frontière, il en tireroit assez, non seulement pour voiturer l'artillerie devant cette ville, mais encore pour y transporter les vivres & les fourrages nécessaires.

Huy étoit une autre place, qu'on appréhendoit que les ennemis n'attaquassent lorsqu'on seroit attaché au siége de Charleroy. M. de Vauban & M. de Mesgrigny proposerent deux expédiens contraires. Le premier étoit d'avis qu'on rasât la place; le second, qu'on en augmentât les ouvrages. On ne suivit aucune de ces opinions, il fut résolu que Huy resteroit dans l'état où elle étoit. On la regardoit comme un poste qui donnoit de l'inquiétude à Liége, qui aidoit à lever des contributions au loin & au large, & qui servoit de retraite aux partis qui faisoient des courses dans le Pays ennemi. Elle n'étoit pas capable de soutenir long-tems contre une armée, & pour devenir une place de résistance, elle demandoit des dépenses considérables. D'ailleurs tout bien considéré, il importoit peu qu'on la perdît; on n'avoit intérêt que de conserver son château, auquel il falloit un nombre médiocre de troupes pour sa défense.

Tome IV.   Q   En-

Enfin on avoit également à s'attendre que les ennemis marcheroient aux Lignes, & que s'il arrivoit qu'ils les forçassent, ils étendroient les contributions sur le Pays auquel elles servoient d'abri. Dans cette supposition, le Roi avoit réglé que M. le Maréchal de Villeroy continueroit le siége avec quarante bataillons & soixante-&-dix escadrons, & que M. de Luxembourg iroit avec le reste de l'armée traverser les entreprises des Alliés.

Quelque route qu'ils choisissent pour s'approcher de Charleroy, il étoit bien difficile que leur cavalerie trouvât dequoi subsister. De Braine-le-Comte à Soignies, & de Rœux à Binch jusqu'au Piéton, il n'y avoit pas l'ombre de fourrages. Henripont, la Folie, les Escaussinnes, Famille-à-Rœux, Seneff & le Fayt n'en étoient pas mieux pourvûs. Il s'en trouvoit un peu à Braine-Laleu & dans les environs, mais la disette regnoit à Nivelle, Genappe, Wavre, Limale, Limelette, à l'Abbaye de Villers & dans toute l'étendue de pays entre ces villages & la grande chauffée.

Outre cet essentiel défaut de subsistance, les ennemis devoient rencontrer plusieurs obstacles dans leur marche pour secourir Charleroy, soit qu'ils la dirigeassent du côté de la haute, ou de la basse Sambre. Là il falloit passer les défilés des bois de Thuin, de l'Angely & de Fontaine-l'Evêque, traverser la rivière d'Heure, où il n'y avoit que trois mauvais gués, mais faciles à être défendus par l'armée du Roi, qui avoit pour elle de fort belles hauteurs & une plaine jusqu'à la Sambre. Ici l'armée Françoise, qui campoit le long & à dos du Piéton, sa droite à Ubay, sa gauche à Chapelle à Herlaimont, pouvoit

DE FLANDRE.

1693. SEPTEMBRE.

voit s'avancer vers Timéon, mettre la gauche à la hauteur de Gosseliers, tirer la ligne à Heppeny, de là jusqu'à Saint-Amand & y appuier la droite. M. de Luxembourg s'étoit mis en état de prendre cette position, en cas de besoin, par dix ponts construits sur la première branche du Piéton derrière l'armée, sans un beau gué qu'il avoit encore au Pont-à-Celle. Toutes ces issues étoient aisées à passer, tant pour l'aile droite & l'infanterie, que pour la gauche à entrer dans l'anse du ruisseau au-dessus de sa source. Il y avoit encore dix passages depuis le Blancheval jusqu'au Roux, par où on sortoit de là & repassoit l'autre branche du Piéton. Enfin pour tout dire, on avoit accommodé les chemins, afin que l'armée débouchât à l'aise sur le terrein qu'elle comptoit occuper. En ce cas, le ruisseau de Timéon eût fait face à la gauche, quelques marécages vis-à-vis d'Heppeny se fussent trouvés au front du centre, & depuis ce village jusqu'à Saint-Amand, la plaine auroit contenu la droite. Pour attaquer l'armée du Roi dans ce poste, il étoit nécessaire que les ennemis débouchassent dans la plaine de Marbay par des chemins assez difficiles, pendant que l'armée du Roi marcheroit à eux en suivant la plaine. D'ailleurs, par-tout où la cavalerie Françoise pouvoit agir contre celle des Alliés, M. de Luxembourg se croioit assuré de fixer de son côté la victoire.

Le bruit couroit dans le Pays que les ennemis prendroient leur route par Wavre, & gagneroient Sombreff. M. de Luxembourg se proposoit de s'étendre jusqu'à Velaines; & supposé qu'ils voulussent joindre la basse Sambre,

1693. SEPTEMBRE. en tenant l'Ornean à leur droite, ce qui ne les approcheroit guères de Charleroy, il s'en reposoit sur les difficultés qu'ils éprouveroient pour les vivres dans leur marche, ainsi que dans celle sur la haute Sambre. Toutes ces raisons induisoient M. de Luxembourg à croire qu'ils ne prendroient d'autre parti que de l'attaquer dans le poste qu'il s'étoit préparé. Au reste le défaut de fourrages devoit empêcher les deux armées d'être long-tems en présence l'une de l'autre.

L'armée d'Allemagne étoit assez nombreuse, elle pouvoit se passer d'une partie de ses troupes, que le Roi avoit envie de rappeller sur la Meuse aux ordres de M. le Maréchal de Boufflers. C'étoit le moïen de donner de ce côté-là beaucoup d'inquiétude aux ennemis, de les empêcher de dégarnir Liége, d'assûrer Huy, & de prêter la main à M. de Luxembourg, que ce Corps seroit à portée de joindre, en cas que le Prince d'Orange voulût à tout prix troubler le siége de Charleroy. On avoit tout lieu de se promettre que par ce mouvement les Alliés n'oseroient se porter du côté de la mer. Quant à Furnes, on proposa pour plus de sûreté d'y faire marcher les milices du Boulonnois.

Ces différens partis étant prévûs & les précautions prises, on ouvrit le 15. Septembre la tranchée devant Charleroy. On commença par chasser les ennemis des hauteurs de la Garenne, où ils tenoient deux postes défendus chacun par soixante hommes, & soutenus par cent cinquante. Quoique retranchés, ils ne résisterent pas long-tems. On leur tua deux Officiers & environ vingt soldats, sans deux autres Officiers qu'on leur prit

DE FLANDRE.

prit avec vingt-cinq hommes. Les Gardes Françoises n'eurent à cette attaque qu'un Enseigne & un soldat tués, un Capitaine de ce Régiment, un Ingénieur & quelques soldats blessés.

1693. SEPTEMBRE.

Après ce petit succès, on ouvrit tranquillement la tranchée sur la Garenne, du côté de Darmay. Par cette disposition on fit deux attaques, qui devoient se réunir contre la partie de la place, vis-à-vis de laquelle étoit l'étang. On préfera ce front, où le terrein étoit moins rempli de mines. Il y eut tous les jours huit bataillons des Gardes à la tranchée; c'est-à-dire cinq à l'attaque de la Garenne sur la gauche, & trois à celle de Darmay sur la droite.

Le 16. au matin M. de Vigny fut blessé d'un éclat de canon, & ce même jour les ennemis firent une sortie sur l'attaque de Darmay. M. de Vauban n'avoit pas jugé à propos que les bataillons fussent dans la parallele, faute de place pour eux & pour les travailleurs qui la perfectionnoient. Ils étoient postés en arrière dans un endroit où ils étoient à couvert. Il n'y avoit à la tête du travail que cinquante Carabiniers, & trois compagnies de Grénadiers, qui prirent l'épouvante. M. de Crequy, qui étoit de tranchée, sortit avec les Carabiniers au-devant des ennemis. M. de Sainte-Hermine rassembla quelques troupes, & se présenta de fort bonne grace, pendant que M. de Vauban, de l'autre côté de la Sambre, ne pouvant se faire entendre, donnoit à connoître par des signes qu'il falloit faire avancer les bataillons. Enfin les ennemis, après s'être approchés de la tranchée, se retirerent, sans y avoir presque causé

1693.
SEPTEM-
BRE.

aucun dérangement. Le Marquis de Broglio, étant allé voir le Marquis de Crequy, fut tué à cette sortie.

Le 17. une batterie de quatre piéces de canon, placée à la droite de l'attaque de la Garenne, commença à tirer contre la place. Depuis ce jour jusqu'au 24, on établit quarante-huit piéces de canon & quarante-sept mortiers en différentes batteries, & on avança les travaux de la tranchée aussi près des ouvrages de la place qu'il fut possible. Le 22. à deux heures du matin, on s'empara d'un petit poste que les ennemis avoient sur la digue de Marcinelle. On en arracha la plûpart des palissades, & après l'avoir rasé en partie, on l'abandonna. Les ennemis y rentrerent aussi-tôt, & le conserverent encore pendant quelques jours.

Le 24. on se trouva en état d'attaquer la redoute de l'étang, dont la garde avoit beaucoup souffert, n'aiant point été relevée depuis l'ouverture de la tranchée. On l'attaqua au moien de batteaux couplés, sur lesquels on fit des plattes-formes, chacune capable de porter vingt hommes. Trois de ces machines, qui avoient été composées de six petits batteaux ramassés sur la Sambre, furent amenés sur des chariots à la queue de l'étang. On les mit à l'eau, & M. de Pointis, Capitaine des Vaisseaux du Roi, qui servoit à ce siége comme volontaire, eut soin de les équipper. Soixante hommes s'embarquerent sur cette petite escadre, conduite par le Sieur Martin & par un autre Capitaine de Galiottes, & soutenue par le feu de deux cens Fusiliers, postés des deux côtés de l'étang, à soixante toises de la redoute. L'attaque fut encore protégée par quatre mortiers & quatre piéces de canon, bien préparées.

Le Sieur Martin prit hardiment le large à la rame & au croc, mit adroitement la redoute entre lui & le feu de la place, qui fut vif, mais sans effet. Quant à ceux qui défendoient la redoute, voiant leur perte assûrée, non seulement ils ne firent point de décharge, mais ils éleverent sur le champ un pavillon blanc, après avoir obtenu une cessation de feu. La garnison, qui de cinquante hommes qu'elle étoit au commencement du siége, se trouvoit réduite à dix-sept, se présenta sans armes sur le haut de son rempart pour aider aux troupes du Sieur Martin à y monter. Il y entra avec son détachement, & on attendit la nuit pour les relever & en retirer les prisonniers. Pendant cette attaque s'écroula une grande partie de la face d'un bastion, qui y fit une brêche d'environ seize toises de large.

Tandis que l'armée du Roi étoit occupée au siége de Charleroy, l'Electeur de Baviere se mit en mouvement pour s'approcher de l'Escaut. Il paroissoit avoir dessein de marcher du côté de la mer. Les troupes du camp retranché de Liége en étoient sorties, à la réserve de deux bataillons. Elles s'étoient rendues à Saint-Tron, & on croioit qu'elles iroient de là camper sous Bruxelles, où les ennemis avoient renvoié leurs gros bagages. Il étoit aussi arrivé des troupes à Ostende, & tous ces mouvemens donnoient lieu de conjecturer que les Alliés en vouloient à Furnes, ou aux Lignes.

L'Electeur de Baviere s'étoit éloigné du Prince d'Orange,

1693. SEPTEMBRE. ge, & avoit passé la Dendre sur un pont, construit au-dessous de Likerque, pour aller camper entre Ninove & Aloft. On disoit qu'il marchoit avec quatorze bataillons & trente escadrons; on ajoutoit même qu'il en vouloit à Menin, où on assûroit qu'il avoit quelque intelligence. M. de Luxembourg, incertain s'il tâtonneroit cette place, ou s'il s'attaqueroit à Furnes, détacha le 18. de son camp huit escadrons de Dragons, lesquels allerent aux Estinnes joindre M. d'Harcourt pour assûrer les convois qui venoient de Mons à Charleroy. Le lendemain Mr. d'Harcourt se mit en marche avec les Régimens de Dragons du Colonel-Général, Caylus, Languedoc, Artois & Bretoncelle, les Régimens de cavalerie de Rassent, du Roi & de la Reine d'Angleterre; le tout suivi des Gardes Angloises & du Régiment d'infanterie de Tessé. Ces troupes camperent le 19. à Villers-Peruwez, & le 20. à Tournay.

Dans ces entrefaites le Prince d'Orange faisoit corder du foin à Bruxelles, comptant par ce moien porter avec lui assez de fourrage pour quatre jours. Il avoit aussi commandé six mille chariots, qui devoient voiturer du foin & de l'avoine pour cinq autres jours, & du pain pour neuf.

Les troupes, que ce Prince tiroit de Liége, jointes à plusieurs bataillons qu'il avoit fait sortir de Maestricht, composoient un gros Corps d'infanterie. Ce renfort le mettoit en état de se présenter devant l'armée du Roi, d'autant plus que les troupes, qui avoient marché sous les ordres de l'Electeur de Baviere, obligeoient M. de Lu-

Luxembourg de partager les siennes, afin de lui faire tête du côté des Lignes.

Comme le Prince d'Orange s'étoit avancé à Ninove, il paroissoit que les forces des Alliés dûssent se tourner du côté de Furnes. A la première nouvelle que M. de Luxembourg reçut de leur marche, il laissa son armée au camp de Vanderbecq sous les ordres de M. de Rosen, & confia la conduite du siége à M. le Maréchal de Villeroy, qui le continua avec quarante-deux bataillons & quarante-cinq escadrons. Le 21. Septembre M. de Luxembourg se rendit à Mons pour apprendre des nouvelles plus certaines des ennemis. Il fit avancer la Maison du Roi & la Brigade du Mestre-de-Camp à Saint-Simphorien, & ordonna à dix-sept bataillons de marcher aux Estinnes sous le commandement de M. le Duc de Berwick. Cette tête de troupes contribuoit à accélerer son arrivée à Tournay, en cas de besoin, & il esperoit s'y rendre dans un jour avec la cavalerie, dont il comptoit ne laisser à M. d'Artaignan que quatre escadrons, qui marcheroient jusqu'à Tournay avec l'infanterie de M. le Duc de Berwick.

Par un courier, qu'il dépêcha à M. de la Valette, il lui fit savoir que sa principale attention étoit de donner du secours à Furnes. En conséquence, il lui ordonna de s'en approcher, de venir camper entre cette ville & Ypres, & de jetter promptement deux bataillons dans la première de ces places, en se tenant à portée d'y faire entrer les deux autres qu'il avoit à ses ordres, avec deux Régimens de Dragons, & de voir par lui-même s'il ne seroit pas nécessaire qu'il y allât en per-

Tome IV.   R

1693.
SEPTEMBRE.
personne avec le reste de ses troupes, ou qu'il rebroussât sur Ypres. En même tems M. de Luxembourg enjoignit qu'on pourvût Furnes d'autant d'eau douce qu'il seroit possible, & réserva l'eau salée pour le besoin. Il manda à M. d'Harcourt d'envoier le 22. le bataillon de Tessé dans Menin, d'y faire entrer le 23. celui d'Alsace, & d'y placer deux Régimens de Dragons, en cas qu'il se vît pressé par la marche des ennemis, avant que le Régiment d'Alsace pût y entrer. M. de la Valette se tint avec sa cavalerie à portée d'Ypres, & les ennemis ne pouvoient songer à cette place, à moins qu'ils n'y eussent quelque intelligence.

Ypres & Menin ainsi mises en sûreté, il ne restoit à M. de Luxembourg qu'à penser à la conservation de Furnes; mais comme il voioit le peu de diligence que faisoit l'Electeur de Bavière, il craignit que les Alliés n'eussent affecté des démarches du côté de la mer que pour l'obliger à les suivre. Il se douta qu'ils pourroient bien retourner à Charleroy; soupçon d'autant plus fondé, qu'ils continuoient à faire filer du foin à Bruxelles. Il prit le parti de marcher à la même hauteur qu'eux, & de façon à pouvoir toujours les prévenir devant Charleroy. Aiant eu nouvelle que le Prince d'Orange & le Duc de Bavière s'étoient arrêtés, l'un sur la Dendre, l'autre sur l'Escaut, & qu'ils n'avoient d'autre dessein que d'y cantonner leurs troupes, il ordonna à M. d'Harcourt de rester sous Tournay. Dans ce poste il avoit l'avance sur les Alliés, en cas que l'envie leur prît d'aller du côté d'Ypres, & pouvoit de là revenir joindre l'armée devant Charleroy, avant que le Prince d'Orange

ge fût en état de la combattre. La Maison du Roi campa à Quarrgnon avec la Brigade du Meſtre-de-Camp; l'infanterie quitta les Eſtinnes pour camper à Bouſſu. On y établit des ponts ſur la Haiſne, non ſeulement pour que cette infanterie, commandée par M. le Duc, pût s'avancer vers Tournay lorſqu'il ſeroit néceſſaire; mais afin que M. d'Harcourt les trouvât prêts s'il revenoit ſur ſes pas.

Tels furent les différens mouvemens qu'occaſionna la néceſſité de pourvoir à la défenſe de Furnes & des Lignes, que les Alliés ne penſerent peut-être pas à attaquer; du moins on ſut qu'ils n'avoient alors d'autre intention que de prendre des cantonnemens où ils puſſent ſubſiſter plus facilement. Le Prince d'Orange partit le 24. & retourna en Hollande, afin d'y régler de bonne heure l'état de la guerre pour la campagne ſuivante.

M. de Luxembourg, convaincu que les ennemis lui laiſſoient champ libre, retourna au ſiége, & partagea à Traſegnies les troupes en trois Corps, afin qu'elles euſſent moins de peine à trouver des fourrages. L'aîle droite continua d'occuper le village, l'aîle gauche campa à Fontaine-l'Evêque, & l'infanterie à Goſſeliers.

Les travaux du ſiége étoient déjà ſi avancés, que dès le 26. du mois on pouvoit tenter la priſe de la redoute de Darmay. Cette attaque ſe fit à dix heures du ſoir par huit compagnies de Grénadiers; à la droite par une de Piémont, une de Navarre & deux de Roïal-Rouſſillon; à la gauche par celles de Vexin, de Surbeke & de Greder. Au centre on avoit poſté la compagnie de Foix

1693. avec cinquante Fusiliers de ce Régiment pour soutenir
SEPTEM-
BRE. le tout en cas de besoin.

Cinq salves de quatorze petites bombes étoient le signal. A la dernière de ces salves, dont les bombes, remplies de terre, n'avoient que des fusées, les Grénadiers sortirent de la tranchée & marcherent aux assiégés en grand silence. Les fusées des dernières bombes bruloient encore, lorsque les Grénadiers sauterent dans le chemin-couvert, où ils trouverent les assiégés couchés le ventre à terre. Ceux-ci en furent si surpris, qu'à peine ils les saluerent de leur feu. On ne s'arrêta pas à faire des prisonniers & à les amener à la tranchée; on courut à la redoute, on y monta par la gorge. Quoique la pente en fût fort roide, on ne laissa pas que d'emporter cet ouvrage. De cent cinquante hommes qui le défendoient, il ne s'en sauva que quatre-vingt-six. Il y en eut quelques-uns de tués, & cinquante de pris, parmi lesquels se trouverent cinq Officiers. Les Grénadiers François, maîtres de la redoute, crierent, *Vive le Roi*. La garnison, connoissant par ce cri que l'ouvrage étoit perdu, fit aussi-tôt un feu très vif de la place & de l'ouvrage à corne du bout de la digue. Mais l'action fut si bien conduite, que les assiégés ne purent mettre le feu à leurs mines, de crainte qu'il ne leur arrivât de sauter avec les assiégeans, à qui cette attaque ne couta que sept à huit soldats, & deux Ingénieurs blessés.

OCTO-
BRE. Depuis ce jour jusqu'au 4. d'Octobre, on avança le travail pour s'approcher de plus près de la place. M. de Vauban, qui avoit la conduite des attaques, & qui vouloit épargner le sang des troupes, y alloit avec beaucoup

coup de précaution, sachant que le terrein étoit miné. 1693.
Il changea diverses batteries d'un lieu à l'autre, afin OCTO-
qu'elles fissent plus d'effet. BRE.

Le 2. d'Octobre on saigna l'étang par deux coupures à la digue. Quelques jours auparavant, les ennemis avoient mis le feu à des maisons sur le bord de l'étang, à un moulin, & à des magasins de fourrages dans l'ouvrage à corne. Le 3. d'Octobre on fit jouer une mine à l'attaque de la gauche sous l'angle saillant de la demi-contre-garde de Montal; mais dont l'effet ne fut pas celui qu'on s'en étoit promis, aiant été en partie éventée par une vieille galerie qu'il y avoit dans le fossé de la place.

Le 4. d'Octobre sur les quatre heures après-midi, on voulut, afin que les deux attaques pussent se communiquer, se faire un passage sur le bord de l'étang. Les ennemis étoient derrière de petits parapets, soutenus des troupes de l'ouvrage à corne; il falloit les forcer. On partagea six compagnies de Grénadiers, secondées par six autres compagnies, moitié à la droite & moitié à la gauche. Toutes ces troupes chargerent à la fois avec tant de vigueur, que les ennemis en furent étourdis à un tel point, qu'ils crurent que l'on vouloit donner par cet endroit l'assaut à l'ouvrage à corne de Darmay, quoiqu'on n'eût d'autre dessein que de se loger sur le bord de l'étang, & de joindre l'attaque de la droite avec celle de la gauche. Quelque tems après, les troupes, qui étoient dans l'ouvrage à corne, sortirent sur les assiégeans; mais après avoir fait assez inutilement leur décharge, elles se retirerent en desordre.

On les suivit jusque dans les chemins-couverts de la place. En se retirant, elles firent jouer trois fourneaux autour du moulin; ce qui causa aux assiégeans une perte de six ou sept soldats. Suivant le rapport de quelques déserteurs, la garnison y perdit près de trois cens hommes, au-lieu que les assiégeans en furent quittes pour deux Officiers, trente soldats & quatre Ingénieurs, tués ou blessés.

Le 5. & les deux jours suivans on changea quelques batteries de canon & de mortiers, que l'on rapprocha de la place. On se logea dans les maisons de la corne de Darmay, on les perça & on y fit des communications pour s'opposer aux assiégés qui étoient restés derrière & dans les dernières maisons. On se logea aussi dans l'Hôpital & dans les principales maisons pour escarmoucher.

Le 8. à dix heures du matin, on commanda huit compagnies de Grénadiers, tant pour renforcer celles qui étoient de garde à la tranchée, qu'afin d'attaquer le chemin-couvert & la contre-garde de Montal.

Le signal fut de trois décharges de canon d'une des batteries au-delà de l'étang. Aussitôt après la dernière décharge, qui se fit sans boulets, les Grénadiers sortirent de la tranchée, savoir trois compagnies par la droite, autant par la gauche, & deux au centre. Les ennemis, s'en étant apperçus, jetterent quelques grenades, firent leur décharge, & se retirerent dans le fossé derrière deux traverses. Les assiégeans les suivirent jusqu'aux barrières, & en tuerent une quantité. La contre-garde de Montal, que soutenoient les Espagnols, fut défendue

aavec beaucoup de fermeté & de valeur, mais comme les assiégeans étoient sur le point de les prendre par-derrière pour les couper, ils quittèrent leurs postes & se retirèrent en bon ordre. Les assiégeans se logèrent sur la crête du chemin-couvert, & pendant qu'on travailloit au logement, la garnison fit un très grand feu des ouvrages & du corps de la place. Les assiégés y perdirent environ cent cinquante hommes, sans vingt-cinq prisonniers que l'on fit sur eux. La perte des assiégeans excéda la leur; elle se monta à plus de trois cens hommes tués ou blessés, parmi lesquels il y eut six Ingénieurs.

Les deux jours suivans on s'occupa à perfectionner les logemens, & à établir de nouvelles batteries pour augmenter les brêches, faites aux deux bastions de l'attaque. Le 11. du mois au matin la ville capitula. On accorda à la garnison les honneurs de la guerre. Elle sortit le 13. avec quatre pièces de canon & un mortier, composée de quinze cens hommes, qui étoient le reste d'environ quatre mille qu'il y avoit dans la place au commencement du siége. Les assiégeans y perdirent environ douze cens des leurs, & M. de Vauban, qui dirigeoit les travaux du siége, prit toutes les précautions qu'on pouvoit prendre pour conduire les attaques avec sûreté, sans verser inutilement le sang des troupes, & sans faire traîner le siége en longueur.

Trois bataillons entrèrent dans Charleroy dès qu'il fut évacué. M. le Maréchal de Villeroy y resta jusqu'à ce qu'on eût achevé de raser les lignes, comblé la tranchée & réparé les brêches. On fit cantonner à

Couil-

1693.
OCTOBRE.

Couillet & à Marcinelle onze bataillons & quatre compagnies de Dragons pour la sûreté de la place, en attendant qu'elle fût rétablie. M. de Boisseleau, Capitaine dans le Régiment des Gardes Françoises, en eut le gouvernement.

Le 13. M. de Guiscard partit avec la cavalerie, destinée à cantonner au-delà de la Meuse. M. de Luxembourg, qui n'attendoit que la fin du siége pour se rendre à Courtray, partit aussi du camp devant Charleroy le même jour qu'en sortit la garnison. Il fit venir à Brisseuil les troupes qui étoient sur la Haisne aux ordres de M. le Duc, afin qu'elles pussent arriver le lendemain à Tournay, d'où elles se rendirent aux Lignes d'Espierres qu'il falloit réparer, & à Courtray qu'on vouloit mettre en état de recevoir garnison. Quelques-uns des Régimens, que commandoit M. d'Harcourt, y marcherent aussi. Dixmude étoit un autre endroit que le Roi vouloit qu'on occupât pendant l'hyver; M. d'Artaignan fut chargé de remettre ce poste en état de défense.

Les troupes, qui étoient à Trasegnies, à Fontaine-l'Evêque, à Gosseliers & devant Charleroy, eurent ordre d'aller cantonner sur l'Escaut au-dessous de Tournay, & sur la petite riviére de Ronne; cantonnemens où elles trouveroient des fourrages, & protégeroient le travail des Lignes. Leur marche commença le 13., & se fit dans l'ordre suivant.

Marche du camp devant Charleroy à Peronne, & de là à Quevy.

L'aîle droite, qui campoit dans la plaine de Trasegnies, passa au moulin du Piéton, à la Chapelle de Mont-

Montaigu & à Merlanwelz pour se rendre à Peronne, où fut son camp. Les bagages, marchant sur la gauche de cette colonne, allerent au village du Piéton, à la cense de Beauregard, à Carnieres, & côtoïerent les colonnes des troupes pour arriver à Peronne. L'aîle gauche, qui étoit campée à Fontaine-l'Evêque, passa à Anderlues, de là au Val, laissa Binch à gauche, & vint camper auprès de l'aîle droite, entre Binch & Peronne.

1693. OCTOBRE.

Les troupes, campées à Gosseliers, marcherent sur deux colonnes. Celle de la droite passa à Gosseliers, au pont de la Ferté & à Courcelles, mit Trasegnies à droite, gagna de suite le moulin du Piéton, la Chapelle de Montaigu, & Merlanwelz, où fut le camp.

La seconde colonne se porta à Jumée, au moulin de Sart-le-Moine, où, après qu'on eût accommodé le pont, elle marcha au château de Rienwelz, à Forchies, au village du Piéton & à Carnieres, où fut le camp.

Les troupes, campées devant Charleroy, vinrent sur deux colonnes prendre la queuë de celles qui campoient à Gosseliers. Celles du camp près de Marchienne, au-delà de la Sambre, passerent auprès du château de Monceau, à Fontaine-l'Evêque, & de là à Carnieres, où fut le camp.

Le lendemain les troupes marcherent à Quevy.

Les deux aîles de cavalerie, qui étoient campées entre Binch & Peronne, marcherent dans l'ordre suivant :

L'aîle droite passa le ruisseau de Binch à Peronne, & celui des Estinnes au pont de Bray. De là elle traversa la Trouille au pont de Beugnies, & continua sa route par Harvent pour se rendre auprès de Quevy, où fut le camp.

L'aîle gauche traversa le gravier de Peronne & aux hautes Estinnes, suivit la grande chaussée jusqu'à Givries, où après avoir traversé la Trouille, elle marcha au bois Bourdon, & passa au moulin du grand Quevy, d'où elle entra dans la plaine du camp. Cette aîle fut suivie de ses bagages.

Les troupes, qui campoient à Merlanwelz & à Carnieres, marcherent sur trois colonnes. Celle de la droite alla de Peronne au pont de Bray, & suivit le chemin que l'aîle droite de cavalerie avoit tenu pour se rendre à Quevy.

La seconde colonne marcha à travers champs, côtoïa celle qui étoit à sa droite, & alla passer au gravier de Peronne, aux basses Estinnes, à Villerelles-le-Secq, au château d'Harmegnies, où on fit raccommoder le pont. De là, laissant Harvent à droite, elle arriva à Quevy, où fut le camp.

La troisième colonne suivit la grande chaussée, tint Binch à gauche pour passer au pont à Belion, aux hautes Estinnes, à Givries, au bois Bourdon & au village du grand Quevy, d'où elle entra dans la plaine du camp.

Les troupes camperent sur deux lignes près de Quevy, la droite vers la cense d'Aulnoy, la gauche tirant du côté d'Harvent.

Le

DE FLANDRE.

Le 17. Octobre elles marcherent de Quevy à Bouſſu sur la Haiſne.

La colonne de la droite paſſa à Noirchin, au moulin de Framieres, à Quarrgnon & à Saint-Guilain, où fut la droite du camp.

La ſeconde colonne ſe porta à Genly, mit le moulin de Framieres à droite, le village à ſa gauche, & ſe rendit droit à la Juſtice d'Hornu, d'où elle entra dans la plaine du camp.

La troiſième colonne tint Genly à droite, paſſa par Framieres & Wame, vint par la droite de la Juſtice d'Hornu à la hauteur de Bouſſu, & de là à Kiévrain, où fut ſon camp.

La cavalerie campa en partie près de Saint-Guilain, l'infanterie près de Kiévrain; le reſte fut cantonné près de la Haiſne.

L'armée y ſéjourna le 18., & le 19. elle s'avança à Peruwez en cet ordre:

La colonne de la droite, qui étoit pour la cavalerie, alla de Saint-Guilain à Baudour, & laiſſa Veillerot à droite pour gagner le moulin à papier. De là elle prit par Eſtambrugge, tint Quevaucamp à gauche, arriva à Ramilly & à Thumaïde, où fut le camp.

La ſeconde colonne, qui étoit pour l'infanterie, marcha à Bouſſu, à Hautrage, à Grandgliſe & à Baſecles, où elle traverſa le ruiſſeau pour entrer dans la plaine du camp.

1693.
OCTO-
BRE.

La troisième colonne, qui étoit pour les équipages, tenant Thulin à droite & la cense de Saulsoir à gauche, alla à Hensies, passa au Pont-à-Haisne, à Pomereuil, à Harchies, à Blaton, & suivit le chemin de Waterlo, où elle traversa le ruisseau de Peruwez. Les équipages de la colonne de la droite s'en furent passer à Basecles; ceux de la gauche à Waterlo.

L'armée campa sur deux lignes, la droite à Thumaïde, la gauche entre Peruwez & Raucour.

Marche de Peruwez à l'Abbaye du Saulfoy.

Le lendemain elle se remit en marche pour l'Abbaye du Saulfoy, près de Tournay.

On sonna le boute-selle & la générale au jour; à cheval & l'assemblée une heure après.

La marche se fit sur trois colonnes. L'aîle droite de cavalerie, qui eut la colonne de la droite, défila par sa droite, & suivit le chemin de Thumaïde à Braffe. Ensuite les bois de Bary à droite & Bouchenies à gauche, elle alla gagner le moulin de Warnifosse, & continuant sa route vers Rumignies, elle se rendit à la droite du camp.

La seconde colonne fut pour toute l'infanterie, laquelle défila par sa droite. Elle prit sur Briffeuil, Wames & Bouchenies, d'où, mettant Gaurin & Ramecroix à gauche, elle arriva à la hauteur de l'Abbaye du Saulfoy, où elle se trouva dans son camp.

La troisième colonne fut pour l'aîle gauche de cavalerie, laquelle alla passer à Raucour, à Braffe-Maisnil, à Maubray, à Vezon, à Ramecroix, d'où, suivant le che-

chemin qui va à Tournay, elle se rendit à son camp.

1693. OCTOBRE.

La quatrième colonne fut pour les bagages de l'armée, lesquels, défilant par leur gauche, s'en furent prendre à Vilhiere le chemin qui va de Condé à Tournay, & entrerent par le pont d'Amour dans la plaine du camp.

L'armée campa sur deux lignes, la droite à Hevines, la gauche au château Constantin, le quartier général à l'Abbaye du Saulsoy.

M. le Maréchal de Villeroy, ayant sû que les Alliés s'étoient retirés au-delà de la Dendre, marcha le 18. avec les troupes pour les distribuer dans les quartiers de fourrage qu'elles devoient prendre sur la Ronne.

Celles, destinées pour les quartiers de Melle, Timogies, Quartes, Monstreuil-aux-bois, Moustier, Haquegnies, Frasne, Hellignies, Papuelles, Forest & Anvain, s'assemblerent à la droite du camp. Les quartiers les plus éloignés, aiant la tête de la colonne, marcherent à Melle, de là à Papuelles, ensuite à Anvain, & lorsque chaque troupe arriva à hauteur de son quartier, elle quitta la colonne pour s'y rendre.

Marche de l'Abbaye du Saulsoy aux quartiers de fourrage.

Les troupes, auxquelles on avoit donné pour quartiers le Mont de la Trinité, Velaines, Cordes, Arques, Ainieres, Waudripont, Ansurelle, Celle & Escanaffe, s'assemblerent au centre de la ligne, & prirent le chemin de Tournay à Velaines, de là à Celle & à Escanaffe. Chaque troupe quitta la colonne à hauteur de son quartier, & s'y rendit.

S 3

Les

1693.
OCTO-
BRE.

Les autres, qui avoient pour quartiers Obigies, Mourcour, Molembais, Pottes & Quesnoy, enfilerent un chemin le long de l'Escaut, passerent à Obigies, à Herines & à Pottes jusqu'à ce qu'étant parvenues à hauteur de leurs quartiers, chaque troupe quitta la colonne pour s'y rendre.

On ordonna aux quartiers, qui auroient besoin de fourrage, d'en prendre sur les villages d'Orroir, d'Amougies, Ruschenies, Dereneau, Berchem, Quaermont, Nieukercke, Kerchem, Renay & Saint-Sauveur. Quant aux vivres, ils devoient les tirer d'Ellezelles, de Flobeeck, de la Hamaide & de Wodecq.

ETAT & Répartition des Troupes de M. le Maréchal de Villeroy dans les Villages de la Châtellenie d'Ath, où elles prirent leurs Quartiers de fourrage.

L'armée fut cantonnée entre l'Escaut & la Ronne, le derrière & le flanc gauche étant fermés par l'Escaut. La Ronne couvrit une partie du front jusqu'à Moustier, & il n'y eut de découvert que ce qui s'étendoit depuis Moustier jusqu'au Saulsoy, sous Tournay.

Villages, qui étoient en première ligne.

ESCANAFFE.	5. bataillons.	10. escadrons.
WAUDRIPONT.	5.	10.
ARQUES & AINIERES.	2.	4.
ANVAIN.	2.	8.
HELLIGNIES.	2.	2.

DE FLANDRE.

FRASNE.	4. bataillons.	6. escadrons.	1693. OCTOBRE.
MOUSTIER.	3.	8.	
HAQUEGNIES.	3.	8.	
MONSTREUIL-AUX-BOIS.	2.	4.	
TIMOGIES.	2.	4.	
QUARTES.	2.	4.	
MELLE.	2.	2.	
SAULSOY.	2.	4.	
	36. bataillons.	74. escadrons.	

Villages, qui étoient en seconde ligne.

OBIGIES.	1. bataillons.	8. escadrons.
HERINES.	1.	8.
MOLEMBAIS.	1.	2.
POTTES & QUESNOY.	1.	8.
CELLE, quartier général.	6.	16.
ANSURELLE.	1.	4.
MOURCOUR.	0.	4.
VELAINES.	1.	4.
CORDES.	1.	moitié des vivres.
FOREST.	1.	moitié des vivres.
PAPUELLES.	1.	2.
	15. bataillons.	46. escadrons.
Total,	51. bataillons.	130. escadrons.

Pendant que M. le Maréchal de Villeroy faisoit a-
van-

1693.
OCTO-
BRE.

vancer & cantonner ces troupes sur la Ronne, M. de Luxembourg se tenoit à Courtray avec celles qui s'y étoient rendues en partant du camp devant Charleroy. Elles prirent leurs cantonnemens dans les villages de Moorseele, Heule, Watermeulle, Curne, Wevelghem & dans le fauxbourg de Courtray. M. de la Valette étoit alors à Dottignies, où il s'acquittoit de sa commission de réparer les Lignes d'Espierres. On avoit projetté d'en faire de nouvelles, dont la droite devoit être appuiée près du château d'Hauterive, & la gauche à Courtray. Cette place en eût été mieux conservée dans la suite; mais la saison, trop avancée, ne permit pas d'entreprendre cet ouvrage. On se contenta donc de raccommoder les anciennes Lignes, que M. le Prince de Wirtemberg n'avoit rasées qu'en quelques endroits.

A la fin du mois d'Octobre, les Alliés envoïerent dans les grandes villes du Brabant les troupes qui devoient y rester en garnison. Celles du Roi imiterent leur exemple; elles défilerent pour entrer dans leurs quartiers d'hyver. M. le Maréchal de Boufflers fut nommé pour commander sur cette frontière, où tout fut tranquille de part & d'autre jusqu'au retour du printems.

FIN du Tome I.

www.ingramcontent.com/pod-product-compliance
Lightning Source LLC
Chambersburg PA
CBHW071728090426
42738CB00009B/1910